Vorwort:

Die Biographie und Lebensart des:

Jürgen Detlef Ulbrich

An einem Sonntag den 05.02.1945
in Kirchdorf an der Krems in Österreich geboren.

Mit 6 Monaten wurde ich als Halbwaise von meiner Mutter ins Waisenhaus gebracht und mit dreieinhalb Jahren als Vollwaise aus dem Waisenhaus geholt um von einem kinderlosen Ehepaar das Vermögen zu erben.

Die Nachkriegszeit zeigt seine Opfer, denn der Krieg endet nicht mit dem letzten Schuss.

Mein leiblicher Vater war als Offizier gefallen.

Meine Mutter wegen Mundraub im Gefängnis eingesperrt.
Danach war sie verschwunden und als verschollen erklärt.
Der Spießrutenlauf als Vollwaisen begann.

Durch Adoption bekam ich, von der Stadt Neu-Brisach in Deutschland in der Nähe von Colmar, den Teil-Namen Brisach, als Familiennamen.

Diese Adoption meiner Stiefeltern Emil Brisach und Käthe Brisach hatte unerwartete Folgen. Ein wildes, von Himmel und Hölle geprägtes abenteuerliches Leben gekrönt von Misserfolg und außergewöhnlichem Erfolg, begann.

Durch eine einzige Entscheidung, im Alter von 61 Jahren, habe ich meine ganze Familie und mich, vor dem sicheren Tod bewahrt.
Die Macht des Unterbewusstseins und mein siebter Sinn, waren meine Weggefährten.

Meine Lebensabschnitte:	Seite
Kinderheim Pflegeeltern / Adoptiveltern	3
Gene Krupa war mein Vorbild	32
Die Liebe, erste Lebensgefahr und die erste Ehefrau	36
Der Durchbruch und die Karriere	68
Die Polizei dein Freund und Helfer	75
Die wilden Jahre nach der Trennung	85
Das X-Lokal die U-Haft und König Fußball	94
Sofia und der Hauch des Todes	133
Round the World	157
Cherry und das Glück, dem Tod zum dritten Mal entronnen zu sein	176

Impressum
Herstellung und Verlag:
BoD-Books on Demand, Norderstedt
ISBN: 978-3-7322-7836-7

Kinderheim Pflegeeltern / Adoptiveltern.

Dies sind meine Erinnerungen aus dem Waisenhaus in Schliersee.

Man hatte uns in einen kleinen dunklen Raum, der wie ein Kino gebaut war, hinein gepfercht.

Sonnenschutzbrillen wurden verteilt, die man heute auf der Sonnenbank trägt. Sie sollten die Augen vor der Höhensonne schützen, welche gerade eingeschaltet wurden. Eine giftige Frauenstimme zischte: >> Ruhe jetzt<<.

Die 15 Minuten lange Prozedur, sollte für eine gesunde Gesichtsfarbe sorgen.

Der Schlaftrakt war vom Speisesaal etwa 100 Meter entfernt. Das Gebäude selber sah wie eine Kaserne aus. Graues Mauerwerk mit kleinen gleichen Fenstern. Die Fensterrahmen waren mal weiß. Die Farbe war etwas abgebröckelt. Die Treppenaufgänge waren düster wegen der kleinen Fenster und es roch immer nach Putzmittel.

Im Speisesaal waren vier Reihen bestuhlt, das hatte für die Aufseherinnen den Vorteil, mit einem Blick von der Stirnseite aus durch die Reihen sofort ein Fehlverhalten unsererseits zu erkennen In solchen Fällen kam ein scharfes Kommando:>> Du da ab in die Ecke bis ich Dich wieder rufe <<. Irgendwann störte uns der Ton nicht mehr. Wir lernten früh das selektive Hören.

Wir schliefen in den 15 Personen Schlafräumen, Buben und Mädchen getrennt. Fröhliches Lachen begrenzte sich aufs Auslachen, wenn jemand seine Strafe bekam.

Das Essen war eintönig und der sogenannte Pudding flog meistens aus dem Fenster in den kleinen Bach hinterm Speisesaal. Nach dem Essen war der Tag gelaufen,

denn es gab keine Kurzweil wie Spielzeug etc. Es war in der Nachkriegszeit und nicht einmal Bilderbücher standen zur Verfügung, also ab in den Schlafsaal. Das Licht wurde ohne Ansage nach ca. 30 Minuten ausgeschaltet.

Den Zorn der Aufsichtsperson, mit einer Stimme wie ein Feldwebel, ergoss sich immer über alle, aber es waren nur laute und giftige Androhungen ohne Ausführung. Wir fragten uns, war sie eine Frau oder ein Mann. Wir haben es nie erfahren.

Wir hatten wenig Ausgang, aber im Winter war man, was den Ausgang betraf großzügig. Alles war weiß vom Schnee und man konnte jeden gut beobachten. Das war bestimmt der Grund der Großzügigkeit. Der kleine Fluss hinterm Speisesaal war zugefroren. Wir hatten Spaß auf dem Eis. Eine Schleifbahn wurde erstellt. Wer war derjenige, der am weitesten schlittern konnte ? Ich nicht ! Das brachte mir hämisches Grinsen der Anderen ein. Nach einigen misslungenen Schleifversuchen wollte ich es wissen. Ich nahm einen langen Anlauf, kam aber mit der Länge der Schleifbahn nicht klar. Es war für mich nur ein kurzer Triumpf, ich sah die Stromschnelle zu spät.

Plötzlich brach das Eis an der Stromschnelle unter meinen Füßen ein. Ich stand bis zum Bauchnabel im eisigen Wasser. Meinen Pulsschlag spürte ich am Hals, mir wurde schlecht und ich übergab mich. Das Unglück und die Folgen berührten keinen.

Großes Geschrei sowie Gelächter und Beschimpfung gingen mit meiner Rettungsaktion einher. Die Strafe war, eine Woche Stubenarrest und Beschimpfungen jeglicher Art. Mir wurde klar, welchen Stellenwert ich in der Gesellschaft als Waisenkind hatte, keinen!

Im Alter von dreieinhalb Jahren, wurde mir mitgeteilt, dass ein Ehepaar aus Ettlingen mich aufnehmen wollte. Man erklärte mir, dass dies ein Glücksfall sei und ich mich brav und gehorsam verhalten soll. Möglicherweise lag die Entscheidung, mich aus dem Waisenhaus zu holen, an meinem Äußeren hellblondes Haar, nettes Gesicht und eine zierliche Gestalt. Das war alles was ich vorweisen konnte. Oder war es wirklich Glück?

Mit dem Bus alleine dann mit dem Zug ging es in Richtung Karlsruhe. Mein Handgebäck war armselig. Als der Zug im Hbf. Karlsruhe anhielt, sah ich zum ersten Mal eine Dampflok. Was für ein Riese, das tiefschwarze Gehäuse, das Fauchen der abgelassenen Dampfschwaden und die riesigen Räder in purpurroter Farbe. Man musste mich mehrmals rufen bis ich merkte, dass die Anderen schon den Bahnsteig verlassen hatten. Mein Herz klopfte wie wild und ich wusste nicht wohin.

Da sprach mich ein Mann mit roter Kappe an und zeigte auf den Treppenabgang und sagte:>> Dahin mein Kleiner, beeile dich<<. Ich stürmte los und wusste nicht was auf mich wartete. Nach dem bösen Blicken der Schwester und der Erzieherin, mussten wir uns in der Bahnhofshalle versammeln. Die Anzahl von uns kann ich nicht mehr beschreiben, ich habe nur ein Mädchen näher gekannt, das ebenfalls in Karlsruhe abgeholt werden sollte.

Wir wurden zusammengetrieben und mussten ein Lied singen. Der Text ist mir entfallen. Das Mädchen und ich wurden wie eine Ware an die Pflegeeltern übergeben.

Vor mir stand meine Pflegemutter. Sie war eine kräftige Gestalt in den fünfziger Jahren. Ihren badischen Dialekt konnte ich nur zum Teil verstehen. Sie nahm mich bei der Hand und sagte:>> So jetzt gehen wir zu deinem Pflegevater auf die Baustelle, die liegt ganz in der Nähe<<. Es waren ca. 5 Minuten Gehzeit. Die Baustelle war eine Eisenbahnunterführung. Dort sah ich einen kleinen hageren Mann ebenfalls in den fünfziger Jahren. Ich kam mir sehr verloren vor und sprach kein Wort.

Im Waisenhaus hatte ich hochdeutsch gesprochen. Mein Pflegevater Emil Brisach sprach wie meine Pflegemutter Kaethe Brisach badischen Dialekt. Ich verstand sie kaum. Meine Pflegeeltern wohnten in Ettlingen mit ihrer Verwandtschaft im gleichen Haus. Dazu später, denn mit diesen Personen nahm das Unheil seinen Lauf. In meinem neuen Heim angekommen, war die Schwester von zugegen um mich zu begutachten. Mann schenkte mir zwei kleine Enten aus Gips zum Spielen. Die Wohnung meiner Pflegeeltern war klein und vom Treppenhaus ging es direkt zur Küche und ins Wohnzimmer und vom da aus dann ins Schlafzimmer. Also keine geschlossene Wohneinheit. Ich konnte damals noch nicht ahnen, was diese Wohnungsanordnung für Komplikationen und schrecklichen Ereignisse hervorrufen würden. Mein Bett stand am Wohnzimmerfenster und so konnte ich alles mitbekommen, was sich zwischen meinen Adoptiveltern abspielte, denn um ins Schlafzimmer zu kommen, mussten sie durchs Wohnzimmer.

Die Einrichtung der Wohnung war schlicht und nur das Nötigste an Einrichtungsgegenständen. In der Küche standen ein Küchenschrank mit Aufsatz und ein Unterteil mit geschwungenen Füßen. Ein Kohleherd aus Emaille mit Wasserschiffchen und eine Herdplatte mit Ringen aller Größen für die Feuerstellen. Im Wohnzimmer stand ein Kanapee ein schwarzer gusseiserner Kohleofen und ein Esstisch mit sechs rustikalen Stühlen aus Bastgeflecht.

Eine Kommode und ein Kleiderschrank mit gedrehten Füßen und einem antiken Abschluss als Schrankdeckel. Im Schlafzimmer war ein Doppelbett zwei Nachttischchen und ein dunkelbrauner fünftüriger Kleiderschrank. Eine Spiegel-Kommode mit Dreifachspiegel ergänzte die Einrichtung.

Das gesamte Anwesen meiner Pflegeeltern bestand aus zwei Häusern. Das dreistöckige Haupthaus mit Mansarde hatte eine große Toreinfahrt zur Straße hin. Das Hinterhaus lag parallel zum Haupthaus und wurde als Stallung und Heuschober verwendet.

Das war mein Erbe, so sollte es sein.

Meine Pflegemutter warnte mich immer vor fremden Menschen und so kam es, dass mir auf dem Heimweg von den Besatzungssoldaten ein Paket vom LKW zugeworfen wurde. Sie riefen mir nach, aber ich ließ das Paket vor lauter Angst auf dem Gehweg liegen. Später dachte ich, dass es dumm von mir war, das Essenspaket nicht mitzunehmen, wir hatten ja zu der Zeit so wenig zu essen. Dieser Zustand trieb uns zu unerlaubten Handlungen.

Die Nachkriegszeit hatte für uns zur Folge, dass wir nicht genug Geld hatten um Lebensmittel zu kaufen. Es gab nur, wenn überhaupt, Fleisch und Wurst vom Pferdemetzger.

Meine Pflegemutter und ich suchten deshalb in den Rübenfelder der Bauern nach essbaren weißen Rüben. Als wir die Jutetaschen gefüllt hatten, wurden wir von einem schweren Gewitter überrascht. Meine Pflegemutter zitterte am ganzen Körper vor Angst.

Unter einem Vordach eines Hauseingangs fanden wir Schutz gegen den Regen, aber der Blitz und der Donner ließen meine Pflegemutter zur Salzsäule erstarren. Für mich war diese Situation schrecklich. Die Angst meiner Pflegemutter vor dem Gewitter ging so weit, dass wir beim Essen in der Küche Messer und Gabel beiseitelegen mussten, um das Ende des Gewitters abzuwarten. Warum ich keine Angst vor dem Gewitter hatte lag daran, dass man mir im Kinderheim die Angst vor dem Gewitter mit Gespött der Anderen ausgetrieben hatte.

An Weihnachten wurden die Waisenkinder von den Besatzungssoldaten in die Ettlinger Kaserne eingeladen. Es gab Kaffee für meine Pflegemutter und für mich heiße Schokolade. Dann wurden wir einzeln aufgerufen und bekamen ein Paket vom Weihnachtsmann. Es waren große und kleine Pakete. Der Neid unter uns Waisenkindern war schwer zu unterdrücken. Mein Geschenk war ein kleines Feuerwehrauto. Ich hätte so gerne gewusst, was in den großen Paketen war; Ich habe es nie erfahren.

Damals war ich schon immer neugierig, was im Inneren der Spielsachen war. Das Feuerwehrauto war binnen einer Stunde zerlegt und die Prügel von meinem Pflegevater Emil Brisach war gratis.

Diese Erziehungsmethode war Standard im Hause meiner Pflegeeltern.

Da mein Pflegevater Bauarbeiter war und sein Arbeitsplatz nach Ettlingen verlegt wurde, brachte meine Pflegmutter ihm, nach einem Fußmarsch von ca. 45 Minuten, täglich das Mittagessen im Essenkännle (ein ovales Metallgefäß aus Aluminium mit Spanndeckel).

Auf dem Bau wurde damals wie heute, gern Bier getrunken. Mein Pflegevater trank öfters nach Feierabend einen über den Durst. Die folgenden Ereignisse waren eine Zerreißprobe für Käthe und mich. Gereizt und betrunken kam er von der Gastwirtschaft, die auf dem Heimweg von der Baustelle zur Wohnung lag. Er stolperte laut singend die Treppe hoch. Ich lag noch im Schlafzimmerbett. Als Emil dann ins Schlafzimmer kam, hatte er Gleichgewichtsprobleme und setzte sich ungewollt auf mich.

Ich schrie auf vor Schreck und Schmerz. Da flog plötzlich die Schlafzimmertür auf und schlug gegen die Wand, Emils Schwester stand im Schlafzimmer. Sie hatte einen kurzen Weg, denn sie hatte ihre Wohnung in derselben Etage wie wir. Wie eine Furie ging sie auf Emil Brisach zu und schlug ihm von lauten Schimpfwörtern bekleidet ohne Vorwarnung mitten ins Gesicht. Sie wollte mir nur helfen.

Das war der Auftakt für Zank und Streit von zwei Geschwistern und es folgten noch schlimmere Ereignisse, denn Emils Schwester hatte eine erwachsene Tochter und einen erwachsenen Sohn, die sich nach diesem Auftakt, ebenfalls kräftig einmischten. Es war wie ein Ritual, was danach folgte. Die Gewalttätigkeiten von meinem Pflegevater nahmen zuhause und in den Lokalitäten im Laufe der Zeit immer mehr zu.

Später komme ich auf diese Ereignisse ausführlich zurück.

Nachts hörte ich die Streitigkeiten im Schlafzimmer und wusste damals nicht genau um was es ging, Ich erfuhr alles, Emil Brisach hatte eine Zigeunerin mit ins Schlafzimmer genommen und Käthe Brisach aus dem Schlafzimmer verwiesen.

Diese schrecklichen Szenen häuften sich und wurden vor meinen Augen ausgetragen.
Emil Brisach kam angetrunken von der Arbeit, setzte sich an den Küchentisch und fragte nach dem Essen. Als meine Pflegemutter den Teller mit Spagetti und Tomatensoße auf den Tisch stellte, nahm er den Teller und warf ihn, mit Schimpfworten, an die Wand.

Dann stand er auf und schlug meiner Pflegemutter ins Gesicht. Damals war ich 8 Jahre alt und konnte nichts tun.

Seine Brutalität machte auch vor mir nicht halt.

Wenn ich was angestellt hatte, zog er seinen Gürtel aus der Hose und schlug auf mich ein. Das Ergebnis war, dass ich nicht mehr normal reden konnte sondern stotterte. Dafür hat man mich später in der Schule ausgelacht. Ich war der Stotterfritze, Spitzname Ulle. Dieser Name wurde von meinem Nachnamen Ulbrich abgeleitet.

Dann kam die Zeit, wie bereits angekündigt, in der mich meine Pflegemutter losschickte, um Emil Brisach aus der Kneipe zu holen, was immer schwieriger wurde. Denn wer lässt sich schon vor versammelten Kumpels in der Öffentlichkeit von seinem sogenannten Sohn was sagen oder, noch schlimmer, zum Gehen aufgefordert werden. Das Unerträgliche für mich war die Vorahnung auf ein Übel, wenn Emil Brisach , betrunken und schwankend den Hut im Genick sitzend, nach Hause schwankte. Diesen Gang konnten meine Pflegemutter und ich gut vom Fenster aus beobachten. Wir hatten Angst, auf das was nun kommen würde. Es kam des Öfteren einiges. Schandlieder singend und Beleidigungen über seine Schwester lauthals vor sich lallend, stolperte er die Treppen hoch.

Die Weihnachtszeit und Neujahr waren für uns der Horror, denn da kam Emil Brisach sehr spät oder gar nicht nach Hause. Weihnachten war für ihn ein rotes Tuch. Er kam volltrunken nach Hause und randalierte, in dem er schon im Treppenaufgang seine Schwester mal wieder lauthals beleidigte. Dieses Verhalten hatte ernsthafte Folgen. Darüber später. In der Silvesternacht ging er ins Wirtshaus und kam erst am 1. Januar nach Hause und hatte eine große Neujahrsbretzel dabei, die er beim Würfeln in der Kneipe gewonnen hatte.

Bei jeder Gelegenheit wurde mir immer von meinen Pflegevater vor Augen geführt, dass ich froh sein müsste bei ihnen zu sein, denn sonst wäre ich ja noch im Waisenhaus. Dies traf mich sehr, denn es gab keinen Ausweg.

In der Volksschule habe ich die volle Niedertracht erfahren, denn man beschimpfte mich und lachte mich aus, weil ich keine richtigen Eltern hatte und keinen Satz ohne zu stottern sagen konnte.

Sogar der Klassenlehrer machte mit den Worten :>> Kein Wunder bei den Eltern << sich über mich lustig.

Meine Noten wurden immer schlechter, was zuhause mit Prügel mit dem Hosengürtel belohnt wurde. Mein Pflegevater trieb es auf die Spitze, indem er mir Unfähigkeit unterstellte und mir drohte, mich ins Waisenhaus zurück zu bringen.

Ich wusste nicht, was das kleinere Übel war. Meine Pflegemutter schickte mich wieder mal ins Wirtshaus um Emil Brisach nach Hause zu holen.

Ich betrat die Gaststätte und sah ihn am runden Stammtisch sitzen und Karten spielen. Mein 7. Sinn signalisierte mir Schlimmes.

Doch bevor ich ihn ansprechen konnte, bekam er Streit mit einem Mitspieler. Was dann geschah, ließ mich zu einer Salzsäule erstarren.

Emil Brisach holte einen Hausschlüssel aus seiner Hosentasche und schlitzte mit dem Schlüsselbart seinem Mitspieler die linke Gesichtsbacke auf.

Das Blut spritzte und keiner der Männer am Stammtisch wagte es Emil fest- oder zurückzuhalten. Der Wirt war ebenfalls entsetzt und wie gelähmt. Ich zog meinen Pflegevater rückwärtsgehend aus dem Lokal. Die Unbeherrschtheit hatte er von seinem Vater geerbt, was eine Geschichte die mir erzählt wurde, untermauerte. Mein Opa hatte im Zorn einen Polizisten vom Fahrrad gezogen und in den Fluss geschmissen.

Bei der nächsten Gewaltaktion von Emil war er mal wieder Sturz besoffen. Es begann damit, dass er schimpfend und laut singend durchs Hoftor wankte. Dort wurde er dann vom Sohn seiner Schwester mit einem Ochsenziemer bewaffnet, empfangen.

Der schlug so zu, dass Emil Brisach regungslos in der Toreinfahrt liegen blieb. Als ich zu Hilfe eilte, bekam auch ich den Ochsenziemer zu spüren.

Nach dieser Aktion die vor dem Gericht endete, wurde das gesamte Vermögen der Familie B. zwangsversteigert, denn keiner gönnte dem Anderen einen annehmbaren Erbanteil.

Das Gesamtvermögen wurde für einen Apfel und ein Ei verkauft.

Was ich in der Volksschule und in der Lehrfirma alles erlebt habe, sei an dieser Stelle kurz geschildert.

Wie schon erwähnt, war mein Klassenlehrer des Öfteren mit dem Vorurteil behaftet, dass ich ja Pflegeeltern hatte und dass da keine ordentliche Familie entstehen kann.

Sein Spruch bei negativen Ereignissen wie zum Beispiel bei schlechten Arbeiten: >>Kein Wunder, keine leiblichen Eltern<<. Dies hatte zur Folge, dass meine Noten immer schlechter wurden und ich um die Versetzung bangte.

Die daraus entstandenen Strafen, hatte ich schon erwähnt. Meine Schulkameraden hatten alle mehrere Freunde, ich hatte nur einen Freund der hieß Wolf.

Er kam aus gutem Hause und hatte ein eigenes Zimmer mit Plattenspieler und ein Kofferradio der sein ganzer Stolz war. Er wohnte in einem zweistöckigen Wohnhaus an der Hauptstraße, das seinen Eltern gehörte. Von der 40 Quadratmeter großen Terrasse aus konnte man in den Garten und aufs Nachbargebäude schauen.

Dort waren Handwerker zu Gange.

Die Hausfassade wurde neu verputzt. Zwei Männer standen auf dem Gerüst und wir hatten nichts Besseres zu tun als mit unseren Schleudern mit Krampen (wie eine Büroklammer zum V gebogener 2 mm Draht) auf den Rücken der Arbeiter zu zielen. Nach einigen Probeschüssen, fand ein Geschoß sein Ziel. Einer der beiden Handwerker schrie plötzlich auf und ließ den Eimer in seiner Hand fallen. Wer von uns beiden hatte getroffen? Die Handwerker wussten nicht woher das Geschoss kam. Uns ging der Stift (wir hatten Angst). Haben die was bemerkt, woher das Geschoß kam? Prüfende Blicke in unsere Richtung. Wir gingen sofort in Deckung. Hatte dieser Schutz für uns gereicht?

Bei jedem Klingeln an der Haustür zuckten wir zusammen. Die Angst wich nach einigen Tagen. Waren wir zu früh unserer Sache sicher?

Denn unsere Schießkünste waren bemerkenswert. Das nächste Opfer war eine leidenschaftliche Rosenzüchterin im gegenüberliegenden Garten.

Sie war gerade dabei, sich einen Strauß Rosen zuschneiden, da waren wir zur Stelle. Wenn sie eine Rose abgeschnitten hatte, zielten wir auf die Rose. Das Schussergebnis war präzise, der Rosenstiel hatte keine Blüte mehr. Sie war entsetzt, wusste aber nicht wo die Schützen lauerten und schossen, wir wurden nicht erwischt. Wir waren uns unserer Sache nun ganz sicher und wählten eine andere Zielgruppe.

Die Milch wurde Abend für Abend mit der Kanne im Milchgeschäft abgeholt. Wir hatten uns auf die Personen, die mit leerer Milchkanne zum Milchgeschäft gingen, konzentriert und amüsierten uns prächtig, denn beim Aufprall der Krampen gab es einen blechernen Ton und die Betroffenen ließen die Michkanne fallen.

Wir wurden zum Ortsgespräch und verlegten unsere Schießübungen auf ein Blasrohr.

Eine Vogelfutterstelle war unser nächstes Ziel. Eine ältere Dame fütterte die Spatzen und war glücklich wenn viele Vögel sich um das Futter stritten. Wir hatten für so eine Schadenfreude kein Verständnis. Mit weichem Fensterkitt formten wir Kugeln für das Blasrohr und verjagten mit gezielten Treffern die Vögel. Dies gefiel der Dame überhaupt nicht.

Doch ehe sie sich richtig aufregen konnte, pflasterten wir ihr Fenster mit weichem Fensterkitt Geschossen zu.

Das war auch ein Stadtgespräch wert. Wolfs Eltern waren in den Urlaubsvorbereitungen und fragten mich, ob ich an den Bodensee zum Zelten mitmöchte, ich war damals 10 Jahre und meine Pflegeeltern stimmten zu.

Es war ein Erlebnis der besonderen Art für mich. Zum ersten Mal in einem Auto mitfahren zu dürfen. Ich war aufgeregt und gleichzeitig glücklich. Das Auto war ein Ford Taunus, der mit der Weltkugel über dem Kühlergrill. Nach 4 Stunden Fahrt durch den Schwarzwald über die

Schwarzwaldhochstraße kamen wir über Loffenau nach Rottweil und weiter nach Überlingen. Die Eltern vom Wolf hielten an einem Campingplatz. Das Zelt, das Kochgeschirr und die Luftmatratzen wurden ausgepackt. Wir stampften bepackt wie Maulesel los und suchten einen passenden Platz um das Zelt aufzuschlagen. Unmittelbar in der Nähe des Wassers fanden wir eine geeignete Stelle. Der Zeltaufbau begann, es war schnell erledigt. Zwei Senkrechtstangen sechs Heringe fertig war der Aufbau.

Wolfs Eltern fuhren weiter in ihre Pension und überließen uns unserem Schicksal. Es war ein Zweimannzelt, das reicht aus. Wir besorgten uns Angelzeug und versuchten unser Glück beim Angeln, aber wir haben nur Rotaugen gefangen. Die Pfanne wurde über dem Spirituskocher aufgeheizt und wir aßen zum ersten Mal selbst gefangene Fische. Wir fühlten uns wie Trapper in der Wildnis, ein herrliches Gefühl. Leider waren die Tage viel zu schnell um. Auf der Heimfahrt bekam ich Sehnsucht nach dem Campingplatz und wollte nicht in diese spannungsgeladene Umgebung zurück.

Meine Gedanken kreisten um die Idee von zuhause einfach zu verschwinden, aber wohin?

Es blieb aber nur bei diesem Gedanken. Wolf hatte plötzlich nur noch die Mädchen im Sinn. So trafen wir uns immer seltener.

Ich fand einen neuen Freund.

Durch die Freundschaft mit dem Klassenstärksten, sein Name war Leder, gab es neue Abenteuer, denn er war der Einzige der mit mir zusammen die Freizeit verbrachte.

Unsere Abenteuer:

Die Rabennester:

Leder und ich waren mal wieder auf der Jagd nach Raben und Elstern.

Durch die großen Ackerflächen um Ettlingen herum, war die Chance ein Raben- oder Elternbaby zu fangen groß.

Wir hielten Ausschau in den Baumwipfeln. Dort sah man von Weiten schon ihre Vogelnester und wir konnten genau erkennen was Rabennester oder Elsternnester waren.

Da war ein Rabennest, Leder stieg den Baum hoch. das Nest war leer. Am Tag darauf starteten wir den nächsten Versuch. Wieder ein Rabennest.

Die gleiche Prozedur, Leder stieg in den Baumwipfel. Ich rief:>> Hasch <<, das war das Losungswort für eine erfolgreiche Jagd. Leder hatte Erfolg. Er warf den jungen Raben aus dem Nest, dieser landete im Gras vor mir. Ich packte den kleinen Schreihals und verstaute ihn unter meinem Pullover. Da stand plötzlich ein Feldschütz in grünem Gewand vor mir. Ich wollte schon die Ausrede in Gedanken loswerden, da kam mir der Feldschütz zu vor.

Er sprach mich mit ruhiger Stimme an:>> Macht ihr das öfters<<, ich bekam kein Wort über die Lippen. Leder stand plötzlich neben mir und grinste den Feldschütz an. Ich dachte, das kann ja heiter werden.

Mein Magen begann sich langsam zusammenzuziehen. Der Feldschütz schaute nach oben und fragte:>> Wie viele sind denn da oben<<. Man konnte nicht durch die Blätter sehen. Ich nahm allen Mut zusammen und sagte:>> Nur wir beide sind hier<<. Er murmelte:>> Riskant, aber recht so<<. Ich verstand nichts mehr :>> Es sind sowieso zu viele Raben hier in der Gegend <<, drehte sich um und ging.

Den kleinen Raben nahm ich mit nachhause und fütterte ihn. Ich hatte viel Spaß mit Jakob, die Nachbarn aber nicht.

Denn Jakob entwickelte sich zu einem Unruhestifter.

Eines Tages kam unser Nachbar, mit dem Luftgewehr unterm Arm ganz aufgeregt zu uns herüber und schrie: >> Wo ist denn dein Rabe, den erschieß ich auf der Stelle<<. Was war passiert?

Kein Wunder, Jakob hat alle Wäscheklammern mit dem Schnabel geöffnet und die Wäsche lag am Boden. Ich musste meine Schadenfreude unterdrücken. Der Nachbar war noch in Rage und erzählte uns aufgeregt, dass das nicht das erste Mal war, dass Jakob die Wäsche abgehängt hatte.

Wir hatten auch junge Katzen auf dem Hof. Mit ihnen hatte Jakob viel Spaß, denn er hielt sie immer am Schwanzende fest bis die Katzenmutter fauchend auf ihn zulief, dann flog er schnell weg oder hüpfte provozierend einen Meter zur Seite. Irgendwann kam Jakob nicht mehr von seinem Ausflug zurück, schade.

Im 4. Schuljahr kam ein anderer Lehrer in unsere Klasse. Von dieser Zeit an wurde ich immer besser, dies lag daran, dass er kein Säbelrassler war, sondern uns öfters zum Lachen gebracht hat und dadurch der Unterricht lockerer und spannender ablief. Er blieb uns bis zu 7. Klasse erhalten. Mein Notendurchschnitt veränderte sich von 4 auf 2,5. Ich habe diesem Lehrer sehr viel zu verdanken.

Mein Lieblingsfach war Malen und so kam es, dass ich öfters als Motiv Südseeinseln mit Palmen und Segelschiffe, in Aquarell malte. Diese Bilder beeinflussten damals schon mein Unterbewusstsein. Ich hatte zu dieser Zeit keine Ahnung was die Macht des Unterbewusstseins bewirken kann. Aber es gab für mich einen Zusammenhang.

Mehr über diese Macht im Laufe meines Lebens.

Mit dem Neuzugang in unserer Klasse kam Volker aus Berlin in mein Leben, dass dann wieder in eine abenteuerliche Richtung gelenkt wurde. Die Freundschaft war voll von seinen guten und schlechten Ideen.

Was die Freundinnen betraf, war Volker mir voraus. Er war mit seinen 13 Jahren frühreif und hatte eine kleine kriminelle Ader. Ihn reizte das Risiko. Ich musste bei seinen Abenteuern mitmachen, um ihn nicht als Freund zu verlieren. Seine Vorschläge versetzten mich in Angst und Schrecken.

Da wir immer wenig Geldmittel zur Verfügung hatten, suchten wir nach Geldquellen, Volker fand sie. In Ettlingen waren die Amerikaner stationiert und mit ihnen die nicht abgeschlossenen Autos auf den öffentlichen Straßen. Die Kontrolle ob ein Auto abgeschlossen war verlief folgendermaßen: Wir liefen ganz dicht an den Autos entlang. Ein kurzer Griff auf die Autotürklinke, aha offen oder nicht offen.

Die offenen Autos wurden dann auf den Standort geprüft. Kriterium waren: Der Standort des PKWs und wie gut war der Blickwinkel anderer Passanten zu diesem Auto. Wir prüften die Lichtverhältnisse und den Beobachtungsradius zum PKW, denn je dunkler der Standort war, je schlechter konnte man uns beobachten. Waren diese Bedingungen erfüllt, hatten wir unsere Zielautos.

So spezialisierten wir uns aufs Durchsuchen der Ami-Autos. Es lohnte sich immer. Einer nämlich ich stand Schmiere, der andere durchsuchte die Autos. Ich hatte Herzklopfen bis zum Halse.

Sah ich nicht dort eine Gestalt ?

Oder doch nicht ? Ich gab das Zeichen zum Abbruch aus dringlichen Grund, denn wir wären beinahe erwischt worden. Aber Volker wollte nicht aufhören. Er war gierig auf die entgangene Beute, die für ihn zum Greifen nah war.

Ich riss mich zusammen und wir starteten noch einen Versuch, mit Erfolg. Es lohnte sich. Meistens waren es Zigaretten, die wir weiter verkauften.

Irgendwann trauten wir uns auch in eine Villa einzusteigen. Es war der absolute Nervenkitzel. Auf den ersten Blick war das Haus von allen Seiten gut verschlossen. Der Vorteil war, dass es ein freistehendes, nahe am Waldrand liegendes, dreistöckiges Gebäude war. Volker war sich sicher, dass man einen Einstieg finden musste. Es gab einen Kellerabgang der nicht verschlossen war. Uns war nicht klar, ob sich jemand in dem Hause aufhielt, dies machte alles noch viel spannender. Mir pochte das Herz und meine Hände waren schweißnass. Volker blieb ruhig, das machte mir Mut, den ich mir, laut Volker, aneignen sollte. Durch den Keller ins Erdgeschoss, dann ins Wohnzimmer, kein Mensch weit und breit.

Oder doch nicht ? Ich hielt diese Spannung nicht aus und drängte zum Verlassen der Villa. Da war doch ein Geräusch, sagte ich zu Volker um ihn zum Rückzug zu bewegen.

Er war sich auch nicht mehr sicher, Gott sei Dank. Wir traten den Rückzug an. Volker maulte vor sich, wir hätten eine große Chance vertan. Mir fiel ein Stein vom Herzen, Volker bemerkte nichts. Wir wurden bei unseren Aktionen, gottlob, nie erwischt.

Volker hatte noch andere Quellen.

Was durch ehrliche Arbeit, am meisten Geld einbrachte, war das Herstellen von Tubifex, ein lebendes Fischfutter für reiche Aquarium-Besitzer. Volker kannte sich bei der Herstellung gut aus. Mit den Fahrräder und 4 Wassereimern zogen wir los. Volker kannte die Plätze wie ein Pilzsucher. Es waren die kleinen Bäche, die mit Schlamm angereichert waren. Es wurden die Eimer randvoll mit dem Schlamm gefüllt und ab ging es zur Küche von Volker.

Er schüttete den Inhalt der Eimer in einen großen Kochtopf und erwärmte diesen mit der Gasflamme vom Herd. Es stank fürchterlich , als sich der Schlamm erhitzte. Plötzlich krochen kleine rote dünne drei Zentimeter lange Würmchen aus dem Schlamm. Volker schöpfte sie ab und füllte sie in einen kleinen durchsichtigen Behälter ab. Der Verkaufswert waren 5 Mark pro Glas, das war zu dieser Zeit viel Geld. Er hatte die Kundschaft dafür und wir konnten uns etwas leisten.

Nach der Volksschule, verloren wir uns kurz aus den Augen. Ich traf ihn aber wieder während der Lehrzeit. Er hatte sich nicht verändert, was die Nebengeschäfte betraf, denn er verhökerte Autoersatzteile aus seiner Lehrfirma. Erst nach meiner Heirat, trafen wir uns wieder regelmäßig zum Baden am Baggersee.

Durch seinen starken Alkohol- und Zigaretten-Konsum starb er mit 45 Jahren.

Die 8. Klasse war das reinste Chaos. Dazu kam noch meine Adoption hinzu. Der neue Klassenlehrer war dem Alkohol zugetan. Dies hatte Folgen.

Hier ein paar Paradestücke:

Des Öfteren kam er zum Schuldienst mit einer Alkoholfahne. Das war unsere Stunde. Wir verhielten uns ganz ruhig bis er am Lehrerpult eingeschlafen war. Dann ging die Post ab. Gegenseitiges Zuwerfen von Gegenständen wie Obst, Bleistifte und Radiergummi. Der Lärmpegel stieg unaufhaltsam. Bis der Rektor im Türrahmen stand.

Die disziplinarische Strafe war immer eine mündliche Verwarnung für den Lehrer und uns. Es war eine Zeit wie heute. Klassenschlachten in der Pause, auf dem Schulhof und dem Heimweg. Gegenseitige Prügel waren an der Tagesordnung. Die Achtklässler waren eben schlimm.

In unserem Klassenzimmer waren auch die Sportartikel gelagert u.a. Stoßkugeln. Als unser Klassenlehrer mal wieder eingeschlafen war, hatte unser kräftigster und größter die Idee, eine Stoßkugel aus dem Fenster zu werfen.

Der Aufschlag aus dem dritten Stock, riss unseren Lehrer aus dem Schlaf in die Realität zurück. Seine Drohungen uns gegenüber, brachte unseren Hünen zur Weißglut. Er packte den Lehrer an der Hüfte und schob ihn zum Fester hinaus. Der Lehrer zappelte wie ein Nichtschwimmer bis er wieder festen Boden unter den Füßen hatte. Er war im Gesicht so weiß wie ein Bettlaken, wortlos verließ er das Zimmer. Wir sahen, wie er eine Reval rauchte und mehr war nicht.

Da unser Klassenlehrer auch für den Sport zuständig war, hatten wir öfters Fußballtraining. Er saß auf der Rückenlehne einer Bank und war zufrieden, bis unser Flankengott einen zielgenauen Schuss abzog.

Der Ball fand sein Ziel. Es war die Stirn des Lehrers, der fiel rücklinks von der Bank. Das Fußballspiel wurde jäh abgebrochen und als Strafe mussten wir in der stickigen überhitzten Sporthalle mit dem Medizinball Gleichgewichtsübungen machen. Das war eine Plackerei. Weitere Storys mit unserem Klassenlehrer seien noch zu erwähnen.

Unsere Schreibtische hatten vorne quer eine Rille für Schreibutensilien. Unser Lehrer hatte uns angewiesen, eine nützliche Arbeit, im Interesse der Schule, auszuführen. Meine Idee war, die Tische mit Sandpapier abzuschleifen und den Schleifstaub in den Rillen vom Schreibtisch aufzubewahren. Wir warteten bis der Lehrer das Klassenzimmer betrat. Er bemerkte sofort die sauberen Oberflächen der Arbeitstische und strahlte zufrieden. Aber nicht lange. Auf Kommando pusteten wir alle den Schleifstaub aus den Rillen. Der Lehrer konnte nicht so schnell reagieren und zog eine Nase voll Staub ein. Sein Gesicht war purpurrot und er rang nach Luft. Es gab eine saftige Strafarbeit, aber wir hatten unseren Spaß.

Wieder einmal hatten wir langweiligen Biologieunterricht und unser Klassenlehrer wollte uns unbedingt Pantoffel-Tierchen unter dem Mikroskop, zeigen. Es dauerte einige Zeit, bis er ein solches Tierchen vor der Linse hatte. Dann rief er:>> Kommt schnell her ans Mikroskop, jetzt sieht man es ganz deutlich<<. Eine Herde Elefanten hätten nicht viel mehr Getrampel machen können als wir.

Als die ersten beim Mikroskop waren, war durch die Erschütterung natürlich das Tierchen nicht mehr zu sehen. Es gab danach viele Versuche. Das gleiche Getrampel. Die Biologiestunde war um, ohne die Pantoffel Tierchen gesehen zu haben, schade.

Nun zurück zu meiner Ersatzfamilie mit Anhang.

Die Nachforschungen nach dem Verbleib meiner leiblichen Mutter wurden eingestellt und so wurde sie als verschollen erklärt. Dieser Umstand war für meine Pflegeeltern der Zeitpunkt, mich zu adoptieren. Ich war 15 Jahre alt und hatte nun den Familienname Brisach erhalten. Der Grund dafür war, das Vermögen meiner jetzt Adoptiveltern und das Vermögen der Schwester meiner Adoptivmutter Anna zu erben. Das große Vermögen meiner Adoptiveltern kam ja, wie berichtet, unter den Hammer.

Meine Adoptivmutter hatte einen Bruder Fritz in der Pfalz. Dieser war verheiratet und hatte eine Tochter namens Anni Wir waren Cousine und Cousin. Meine Adoptivmutter und ich besuchten meinen Onkel Fritz mehrmals im Jahr. Für mich gab es immer Pellkartoffeln mit Quark, es war meine Leibspeise. In der Pfalz heißt der Quark Bibeleskäse. Anni und ich verstanden uns sehr gut. Was jedoch später aus diesem Verwandtschaftsverhältnis ergab, war sehr unerwartet und schmerzhaft für mich. Dies erzähle ich nach der Lehrzeit und meinem Berufsleben.

Nach der Volksschule erlernte ich den Beruf eines Werkzeugmachers. Hierzu auch ein paar schöne und nicht so schöne Ereignisse. Zuerst die unschönen.

Mein Adoptivvater hatte kein Vertrauen in meinen beruflichen Werdegang. Seine oft zitierten Worte:>> Aus dir wird ja sowieso nichts, wo wärst du ohne uns<<. Mein Berufsschullehrer war wie mein Klassenlehrer vom 1. bis zum 3. Schuljahr.

Ich wurde aufgerufen und ehe ich auf Grund meiner Stotterei einen Satz bilden konnte, wurde ich übergangen.

Ein anderer Schüler wurde befragt. Da ich aber solche Situationen kannte, berührte mich das Verhalten des Lehrers nicht mehr.

Von meiner Lehre bis zum Gesellen, gibt es auch einige lustige Gegebenheiten zu beschreiben.

Damals als Lehrling gab es noch Ohrfeigen. Dies löste bei uns eine Überlegung der Rache aus, die man heute unmöglich in die Tat umsetzen kann. Max und Moritz war unsere Losung.

Der erste Streich:

Fast jeden Freitag hatte ein Geselle noch vor Feierabend ein paar Bier zu viel getrunken. Dies erschwerte ihm die Fahrt mit dem Fahrrad beim Aufsteigen. Es ging im Zick-Zack-Kurs, der für die Balance notwendig war, an den Start. Also konnte er nur ruckartig gegenlenken, um das Gleichgewicht zu halten. Es war lustig anzusehen. Aber es ging noch lustiger, zumindest für uns. Eine Stunde vor Feierabend haben wir sein Fahrrad entwendet, um eine Veränderungen am Fahrrad vorzunehmen. Wir schweißten den Lenker fest und stellten das Fahrrad auf den gewohnten Platz zurück. Der Feierabend nahte und wir lagen auf der Lauer. Wie erwartet kam Helmut. Er schnappte sein Fahrrad und schwang sein rechtes Bein über den Sattel um eine Sitzposition einzunehmen. Die Korrektur fürs Gleichgewicht schlug fehl und er fiel seitlich um. Seine Versuche das Fahrrad zu besteigen, wurden alle mit einem Sturz beendet.

Der Rest war derbes Fluchen und Suchen nach den Schuldigen, leider vergeblich.

Der zweite Streich:

Er war gegen unseren Lehrmeister gerichtet. Denn wir vergaßen die Ohrfeigen nicht. Die Lehrlingsaufgabe war nach seinen Vorgaben ein Biegewerkzeug zu bauen. Die Vorführung der Funktion unter seiner Leitung wurde von ihm auf hoher Ebene vom Lehrlingsmeister angekündigt. Also standen wir im Halbkreis zusammen mit der Betriebsleitung vor der Hydraulischen Presse.

Unser Lehrmeister hielt eine Rede über die Funktion und seines Fachwissens und Anleitung zu diesem Werkzeug. Ich stand direkt am Handrad, womit man den Pressdruck einstellen konnte. Der Lehrmeister hatte eine Tonne eingestellt. Ich stellte auf 15 Tonnen ein, während er sich weiter lobte. Alle warteten gespannt was nun kam. Die Führungsebene natürlich auf den Test. Unser Lehrmeister zog am Aktionshebel. Der Stempel mit dem Oberteil des Werkzeuges senkte sich auf das Werkstück um es zu verformen.

Der Brummton verriet nichts Gutes und so kam es auch. Der Stempel zusprang in zwei Teile. Die Führungsebene sprang entsetzt zur Seite.

Und unser Lehrmeister war so erschrocken, dass er den Hebel nicht loslassen konnte. Das Ergebnis war Kopfschütteln in der Führungsebene und ein ratloser Lehrlingsmeister. Wir mussten das Lachen verkneifen, tolle Demo.

Der dritte Streich:

Mit unserem Lehrmeister, der auf Grund seiner Art beim Telefonieren immer wie wild mit dem Telefonhörer herum zufuchteln. Diese Gewohnheit nutzten wir aus. Zur Prüfung der Oberfläche wurde blaue Tuschierfarbe verwendet. Die Paste war so fein, dass sie jede Unebenheit markieren konnte. Der Telefonhörer im Betrieb war schwarz und man konnte die Tuschierfarbe auftragen, ohne sie zu erkennen. Wir schmierten den Telefonhörer im Lehrmeisterbüro an der Hörmuschel mit Tuschierfarbe an. Das Telefon klingelte Er nahm den Hörer ans rechte Ohr. Diese Bewegung reichte um sein Ohr dunkelblau einzufärben. Aber nicht genug, er verteilte die Farbe auf seiner ganzen Gesichtshälfte. Er sah aus wie ein Indianer auf Kriegspfad. Als er bemerkte, dass seine rechte Hand blau war, wusste er was geschehen war. Es hagelte fürchterliche Drohungen. Er wusste leider nicht gegen wen.

Der vierte Streich:

Unser Supergeselle Martin hatte Schuhe mit Steppeisen an den Absätzen. Das war damals der Hit. Man konnte ihn schon von der Ferne hören. Diese Schuhe trug er auch gegen den Willen seines Vorgesetzten bei der Arbeit. Martin war ein Hektiker und hatte mich ausgewählt, von einer Stahlplatte mit dem Schweißbrenner eine Scheibe heraus zu brennen. Während er mit aufgesetzter Schweißerbrille loslegte, kamen seine Befehle. Irgendwann strecke er mir sein Hinterteil zu. Ich sah das blinkende Metall seiner Absätze auf der Stahlplatte. Schnell machte ich die Klammer vom E-Schweißgerät an der Stahlplatte fest und holte die Schweißzange mit dem Schweißdraht. Zwei Schweißpunkte machte ich ihm auf den rechten und linken Absatz. Die Schuhe waren festgeschweißt.

Ich machte mich so schnell ich konnte, davon. Von einem sicheren Platz aus beobachtete ich seine Arbeit. Er musste eine Kreisbewegung machen um die Scheibe aus zu brennen. Dazu musste er seine Position verändern. Ich war gespannt was nun passierte. Er zog seinen linken Fuß, um umzusetzen hoch. Der Schuh blieb auf der heißen Stahlplatte kleben. Er zog den Fuß aus dem Schuh und landete mit dem Socken bekleidet auf der Stahlplatte. Der Socken qualmte und er schrie auf, ließ alles fallen, riss sich die Schweißerbrille vom Kopf und suchte mich verzweifelt, schaute aber in die falsche Richtung. Ich war verschwunden. Ich konnte es nicht gewesen sein, denn ich habe ja Schweißdraht geholt, wie befohlen. In der Lehrfirma freundete ich mit Norbert an.

Das war, wie sich heraus stellte, nicht gut für mich. Er verführte mich im letzten Lehrjahr zum Diebstahl in der Lehrfirma. Nach dem Motto: Sei doch kein Feigling, dies dient als Mutprobe für einen heranwachsenden jungen Mann.

Was ich in den Jahren festgestellt habe, ist mein siebter Sinn der mich vor mancher Tat zurückhielt oder zur einer Tat animiert. Dies war hier der Fall. Ohne dass mir jemand sagte was ich zu tun hatte, bat ich um einen Gesprächstermin mit dem Direktor meiner Lehrfirma. Ich hatte Herzklopfen bis zum Hals, als ich vor der Haustür seiner Villa stand. Denn der Grund meines Besuches war die Diebstahlsache. Der Türöffner brummte und mir wurde nach meiner Namensnennung in die Sprechanlage, Einlass gewährt. Ich betrat eine große Empfangshalle mit zwei stockwerkehohen Gardinen.

Ich fühlte mich seltsam hatte aber keine feuchten Handflächen als der Direktor auf mich zuging und mir die rechte Hand zum Gruß reichte. Wir drückten uns beide die Hände. Da wusste ich, dass diese Unterredung einen positiven Ausgang haben würde. Er hatte Fragen an mich, die da waren: >> Wer hat sie angestiftet? <<, meine Antwort: >> niemand <<. Er fragte :>> Warum haben sie gestohlen, was war ihr Motiv <<, ich sagte: >> Eitelkeit, ich wollte mir als Brillenträger endlich mal mein Kassengestell gegen eine schönere Brille eintauschen<<. :>> Fühlten sie sich nach dem Diebstahl und dem Kauf der Brille besser oder wertvoller? <<, fragte er. Meine Antwort darauf, löste die Spannung auf:>> Nein, ich schäme mich dafür und muss für diese Tat zur Verantwortung gezogen werden <<.

Minutenlanges Schweigen. Mein Herzschlag stolperte, ich fühlte mich der Ohnmacht nahe. Mir schoss es durch den Kopf: Alles ist aus. Dann sagte er, jedes Wort betonend:>> Eigentlich hätte ich eine Anzeige wegen Diebstahl gegen sie aufgegeben, aber dieses Gespräch mit ihnen, hat mich sehr beeindruck! Vor allem ihr Mut hier her zukommen und ihre Offenheit<<.Wieder eine Pause. Ich dachte positiv und vertraute auf die Macht des Unterbewusstseins. Die folgenden Worte des Direktors, hörte ich ganz leise als wäre ich halb taub, so rauschte es in meinen Ohren. Ich vernahm nur noch die Worte: >> gebe ihnen noch eine Chance <<. Ich bestand meine Gesellenprüfung mit Note 1,5 und konnte in der Lehrfirma weiter arbeiten. Ich verdiente für damalige Verhältnisse als Geselle im Werkzeugbau gutes Geld.

Die guten Zeiten begannen, so jedenfalls hoffte ich es.

Meine große Liebe hatte ich mit sechzehn Jahren. Sie war 15 Jahre. Ich nannte sie Rose und kam aus einem Elternhaus das der Pfarrer sowie meine Adoptiveltern, nicht gut heißen konnten, denn ihr Vater war in Kur, wie man mir erzählte, später erfuhr ich, dass er im Knast war.

Die erste Vereinigung war wie ein nicht endendes Glücksgefühl. Wir hatten uns schon verabschiedet und ich drehte mich schon um zum Gehen, da war plötzlich diese Sehnsucht. Wir umklammerten uns und suchten einen Platz für unsre Leidenschaft. Gegenüber dem Hauseingang von Roses Wohnung, war ein Neubau ohne Fenster und Türen. Wir suchten einen passenden Platz. Es war Sommer und die Luft war schwül. Der Geruch von Farbe und Zement lag in der Luft. Als wir dann auf dem Zementboden saßen, zogen wir uns gegenseitig aus, aber nicht stürmisch und ungeduldig, sondern sachte und zärtlich. Der Geruch von Kaffee lag in der Luft als wir beide zum Höhepunkt kamen. Ich habe oft dieses Erlebnis in Gedanken durchwandert.

Am Wochenende gingen wir mit einer Wolldecke ausgerüstet in den nahe gelegenen Wald. Dort suchten wir ein Plätzchen aus, von wo man uns nicht beobachten konnte. Das Liebesspiel begann.

Das schönste Liebesspiel hatte ich mit Rose im Baggerloch, das war das Gebiet bei dem Fußballplatz. Dieser war umrahmt von einem aufgeschüttetem Sandhügel.

Wir lagen auf dem höchsten Punkt des mit Blumen bewachsenen Hügels uns konnte keiner sehen, aber wir konnten von dieser Stelle alles überblicken. Es dämmerte schon und der Geruch von Heu und frischem Gras lag in der Luft. Ab und zu durchdrang der Gesang einer Amsel die Stille. Für uns war alles sehr romantisch. Ich hatte eine

Flasche Rotwein dabei. Diese tranken wir gemeinsam aus. Das Ergebnis war, berauschende Leidenschaft.
Wir waren für einander geschaffen und waren sehr glücklich. Ich hatte jeden Monat ernsthafte Bedenken, Vater zu werden. Aus dieser Angst heraus verlegten wir unser Schäferstündchen manchmal in die Regelzeit von Rose.

Es kam die Weihnachtszeit Rose hatte mich zum ersten Feiertag eingeladen um diesen bei ihren Eltern zu verbringen. Da lernte ich ihren Vater kennen. Eine hagere Gestalt mit einer vom Rauchen und Saufen geprägter Stimme. Die Einladung endete, in dem er mich beschuldigte, dass ich mit seiner Frau, zu der Zeit wo er im Knast war, ein Verhältnis gehabt hätte. Aber nicht genug, er holte eine Pistole aus der Schublade und begann, als allgemeine Drohung die Weihnachtskugeln vom Tannenbaum abzuschießen. Mir wurde ganz mulmig. Vielleich hatte der Pfarrer doch recht ?

Vom meinem Adoptivvater gingen keine Aktivitäten mehr aus, er war ans Bett gefesselt und krebskrank. Unser Pfarrer ließ keine Gelegenheit aus, mich von dieser Sippe von Rose fern zu halten. Dies nennt man Frömmigkeit,
was zur Folge hatte, dass ich mit 18 Jahren aus der Kirche austrat.
Die erste Liebesbegegnung mit Rose werde ich nie vergessen und es folgten viele. Aber meine Adoptivmutter ließ nichts unversucht, um uns zu trennen. Mit dem 17. Geburtstag von mir, hatte es meine Adoptivmutter geschafft.
Es war eine Trennung zweier hilflosen Menschen die mit dieser Situation nicht umgehen konnten. In einem Bushaltestellenhäuschen versuchte ich Rose die Trennung zu erklären. Aber sie weinte und schlug auf mich ein und stammelte immer wieder: >> Du hast mich nur wegen dem Sex geliebt <<. Ich konnte es ihr nicht ausreden.
(Weil es letztendlich die Wahrheit und nichts als die nackte Wahrheit der Logik des Lebens war).

Gene Krupa war mein Vorbild.

Der Kinofilm Jazz-Ekstase in Schwarzweiß mit Gene Krupa als Schlagzeuger, hatte mich sehr stark in den Bann gezogen. Musik lag mir im Blut und der Klang der Trommeln ließ mich nicht mehr los. Ich suchte einen Schlagzeuger in der näheren Umgebung, der mir dieses Instrument beibringen konnte.

Mit 16 Jahren saß ich dann am Schlagzeug und übte und übte. Als Behelf tat es auch ein Kochtopf oder ein Laib Brot. Rumba war meine Stärke.

Mein Lehrmeister Franz war von Beruf Friseur und sah aus wie ein Zigeuner. Pechschwarzes Haar und Oberlippenbart und immer gut aufgelegt, das war sein Markenzeichen. Er schleppte mich zu jedem Auftritt den er mit der 5 Mann-Kapelle hatte. Zur vorgerückten Stunde durfte ich dann ans Schlagzeug weil Franz besoffen war und den Takt nicht mehr richtig halten konnte. Ein Trompeter sowie ein Gitarrist, ein Akkordeonspieler und ein Bassist bildeten die Band BW. Die Auftritte waren Speiselokale mit großem Nebenzimmer und mit Bühne für die Band. Das Publikum gemischt. Die Lieder >>Amor-Amor war ein Rumba oder Mondlicht die Nacht ist schön << waren die Renner, zum Abschleppen der Damen.

Hier ein paar Geschichten aus der Band BW mit Franz.

Im PKW mit der Trommel eingesperrt.

Als Schlagzeuger musste man immer früher da sein als der Rest der Band. Das Schlagzeug musste aufgebaut und bei den einzelnen Trommeln der Klang abgestimmt werden. Also stieg Franz in seine BMW- Isetta, die von vorne den Einstieg hatte.

Man schob ihm die große Fußtrommel nach, so dass er die PKW-Tür schließen konnte und gleichzeitig lenken und den Blick auf den Straßenverkehr hatte. Am Lokal, wo die Band auftreten sollte, angekommen, war niemand da, der die Autotür von Franz öffnen konnte bzw. wollte. So saß Franz in seiner BMW- Isetta und fuchtelte mit den Armen herum um sich bemerkbar zu machen. Leider reagierten die Passanten nicht auf sein Getue und seine Gesten. Ihm blieb am Schluss nichts anderes übrig als das Stoffverdeck zurück zu schieben und sich dann aus dem Auto zu quälen. Die Lacher mit ihrer Schadenfreude waren nicht auf seiner Seite.

Wo bleibt das Bier.

Wie schon darauf hingewiesen, muss der Schlagzeuger immer vor den anderen Musikern vor Ort sein. Dieser Wirt war als sehr geizig bekannt und schenkte der Band nur sparsam die Getränke aus. Um diese Spannung um die Getränke abzuschwächen, bat Franz den Wirt um eine Kiste Bier. Nach einigem hin und her brachte man eine Kiste für die Band auf die Bühne.

Das Schlagzeug der Marke Sonor bestand aus der Fußmaschine für die Fußtrommel, die den Namen der Band trug, zwei große Zimbal-Becken mit Nieten für den zischenden Klang, einer Beckenmaschine, einer Konzerttrommel, sowie zwei Hänge-Tomtoms und einem Standtomtom.

Franz schraubte seine große Fußtrommel auf und schob den Kasten Bier ins Innere der Trommel. Bevor der Wirt sich sehen ließ war das Frontfell wieder aufgeschraubt.

Die Band spielte auf und nach der zweiten Pause fragten die Musiker nach wo das Bier bleibt.

Er behauptete, dass er eine Kiste Bier auf die Bühne gestellt hätte, Franz zuckte nur mit den Schultern. Die Band setzte ein Ultimatum. Getränke auf die Bühne oder sofort Feierabend. Schweren Herzens brachte der Wirt einen Kasten Bier und machte seiner Wut Luft:>> Das gibt es doch gar nicht, da muss einer den Kasten Bier gestohlen haben <<. :>>Wie denn<< war die Antwort der Band. Am Feierabend trugen Franz und ich sehr vorsichtig die Fußtrommel aus dem Lokal, denn wenn der Wirt ein klirren gehört hätte, wäre der Schmu aufgeflogen.

Der Kirchweih-Kuchen.

Wenn Kirchweih war, spielte die Band in einem 400 Mann-Bierzelt. Dort wurden neben dem Essen und Trinken, auch verschiedene Kuchen von den Frauen zum Verkauf angeboten. Die Band sollte natürlich gratis auch Kuchen zum Mitnehmen bekommen. Das war die Stunde des habgierigen Bassisten. Er kam mit seinem Bassgeigenetui herbei geeilt und öffnete herausfordern mit den Worten:>> Hier ist genug Platz für die Kuchen<<, in seinem Etui.

Das passte Franz und den anderen Musikern überhaupt nicht.

Also warf Franz mit Schwung das Etui in seinen Kofferraum und suchte beim Fahren die Schlaglöcher auf, damit die Kuchen auch richtig durch geschüttelt wurden. Das Ergebnis konnte sich sehen lassen. Alle Kuchensorten waren gut gemischt und der Bassist tief beleidigt, warum wohl ?

Ein Ereignis der besonderen Art erlebte ich bei einer Einladung zu einer Partie bei dem Großindustriellen DAA.

Die Bar und die Räumlichkeiten waren eine Augenweide.

Spiegelwände und bequeme Ledersessel mit Glastischen in der Bar. Glasboden mit Lichteffekten unter dem Glasboden: eine Nebelmaschine und Lichtorgel durften nicht fehlen. Die Gäste schick angezogen. Manche Frauen waren, um den tiefen Ausschnitt, wie ein Christbaum mit Schmuck behängt. Die Halsfalten wurden mit dicken Halsketten verdeckt.

Die Party begann ganz harmlos. Die drei Mann Kapelle, ein Trompeter ein Schlaggitarrist und ein Schlagzeuger spielten auf. Da man mich kannte, fragte ich, ob ich den Schlagzeuger mal ablösen solle, denn ich hatte meine Trommelstecken in der Brusttasche meiner Jacke immer dabei und so bekam ich meine Chance.

Dann durfte ich mit meinen Schlagstöcken Schlagzeug spielen. Mein Können am Schlagzeug gefiel dem Band-Schlagzeuger überhaupt nicht. Seine Reaktion war, dass er die Party ohne Bescheid zu geben verließ. Ich war sehr glücklich! Was dann aber auf der Tanzfläche abging war der Hammer. Erotik pur. Ich wusste nicht mehr wo ich hin.- bzw. wegschauen sollte. Mir wurde schnell klar, so feiern die oberen Zehntausend ihre Privatpartys. Das mir zugesteckte Honorar ließ alles wieder vergessen.

Die Liebe, erste Lebensgefahr und die erste Ehe-Frau.

Meine Liebschaften danach waren von kurzer Dauer bis ich sie sah, sie war mit Freundinnen in meinem Stammlokal. Es war die Zeit des Rock and Roll und Petticoats. Sie sah wie eine Dame aus mit ihrem hochgesteckten blonden Haar. Ich nannte sie liebevoll Siggi.

Mein erstes Auto war ein schwarzer Daimler Benz-180. Siggis Eltern waren entsetzt, denn ihrer Meinung nach konnte ein Arbeiter ein solches Auto sich nicht leisten und fahren. Grundsätzlich war ich, gemessen an den anderen Schwiegersöhnen, ein unsicheres Wesen. Wo kommt der her ? Leibliche Eltern unbekannt. Zumal der eine Schwiegersohn Lehrer und der andere Fotograph und Meister war.

Ein Schutzengel hielt über uns seine Hände.

Wir fuhren mit dem Daimler nach Langensteinbach ins Schwimmbad.

Auf der Rückfahrt suchte ich im Autoradio nach einem Musiksender. Wir waren beide abgelenkt, da geschah es. Mein siebter Sinn lenkte meinen Blick wieder auf die Straße, es war zu spät.

Ich sah den Baum und den Gemarkungsstein und riss das Steuer nach links. Es krachte fürchterlich am rechten Bodenblech. Ich schrammte noch am Baum vorbei und kam nach ca. 20 Meter zum Stehen.

Der Tod zeigte kurz sein Gesicht. Wir waren beide leichenblass. Die rechte Beifahrertür ließ sich nicht öffnen. Nach kräftigen Reißen an der Türklinke, war die Tür auf, ging aber wegen der Beule am Trittbrett nicht mehr zu. Es waren Schrecksekunden die wir nie vergessen werden. Ein guter Bekannter brachte den Wagen wieder in Ordnung.

Die Bundeswehrtauglichkeit war auf Grund meiner Sehstärke Ersatzreserve vier und somit wurde ich nicht eingezogen. Dieser Umstand nicht zur Bundeswehr zu müssen, hat meine Entscheidungen geprägt. Ich wollte so schnell wie möglich heiraten. Wir waren am Anfang immer nur am Wochenende zusammen und gingen regelmäßig in mein Stammlokal, wo wir uns auch kennen gelernt hatten.

Siggi war sehr feurig und bei jedem Abschied liebten wir uns im Treppenaufgang, wie wenn es das letzte Mal wäre. Es gab zu unserer Zeit nicht die Möglichkeit im eigenen Zimmer Sex zu haben, denn wir hatten keines. In der Küche von Siggis Eltern stand ein Sofa, dieses benutzten wir gelegentlich, wenn ihre Eltern ins Bett gingen. Diese Art der Liebe war sehr spannend, weil die Möglichkeit bestand, dass ein Elternteil doch noch mal unverhofft in die Küche kommen konnte.

An einem Wochenende fuhren wir in den Schwarzwald an den Schluchsee. Das Hotel lag am Hang und man konnte bei klarem Wetter bis in die Vogesen nach Frankreich sehen. Es war ein sehr romantisches Plätzchen. Wir waren beide zwanzig Jahre alt und waren uns sicher, dass wir heiraten würden. Es war eine leidenschaftliche Nacht und ich vergaß meinen Vorsatz, den bekannten Rückzieher zu machen. Doch in dieser Nacht war ich so glücklich, weil wir Hochzeitspläne hatten, dass ich alles über Bord warf. Denn in meinem Elternhaus war es unerträglich, weshalb ich raus aus dieser Familie wollte. Der DB 180 wurde verkauft und ich zog zu Siggi und heiratete 1965 im Alter von 20 Jahren. Unsere Hochzeit war alles andere als wie man sich eine solche romantische Hochzeit vorgestellt hatte.

Meine zukünftigen Schwiegereltern feierten Ihren Geburtstag und bei dieser Gelegenheit wurden wir auch an diesen Termin verheiratet und somit war es nur ein Fest. Dies war aller Romantik abträglich. Mit einem alten Ford-Taunus karrte uns Siggis Schwager zum Seitenportal der Martinskirche zum Nebenaltar. Es ging alles sehr schnell die Romantik blieb aus!

Danach fuhren wir zu der sogenannten Hochzeitsfeier aber die ja zu trefflich eine Geburtstagsfeier war. Der Herr Oberlehrer wurde überschwänglich begrüßt, denn er hatte einen Fotoapparat dabei. Von uns wurde ein Foto gemacht. Das war alles. Meine Frau war im 4. Monat schwanger und wir hatten keine eigene Wohnung und so wohnten wir als Übergangslösung bei meinen Schwiegereltern.

Dort waren wir aber nur geduldet und mussten die Belehrungen von meinen Schwiegereltern über uns ergehen lassen, denn bei Unstimmigkeiten oder Ungehorsam kam der Spruch: >> Wenn es euch nicht passt, könnt ihr ja ausziehen << ! Mein Adoptivvater lag krebskrank im Sterben. Meine Frau und ich standen an seinem Bett, wegen des Morphiums bekam er von unserer Heirat nichts mit. Seine Krankheitsursache kannte nur ich und es dauerte keine zwei Monate, bis mir der Meister in der Firma zurief, ich sollte schnellstens nach Hause gehen, weil es mit meinem Adoptivvater zu Ende ging.

Als ich dort ankam, saß meine Adoptivmutter auf der Bettkante. Mein Adoptivvater lag mit weit geöffnetem Mund auf dem Rücken und röchelte ganz tief und langsam. Es war ein entsetzlicher Anblick, denn aus dem kräftigen Mann war ein ca. 30 kg abgemagerte Gestalt mit eingefallenen Wangen und tiefen Augenhöhlen geworden. Ich war entsetzt und meine Adoptivmutter stammelte:>> Was hat er denn, das geht alles so schnell<<, ich schwieg und wartete auf den letzten Atemzug. Es dauerte keine 10 Minuten mehr und der Sterbende streckte sich aus und stieß einen letzten lauten Seufzer von sich, dann war beklemmende Stille. Meine Adoptivmutter war der Ohnmacht nahe. Mein Trost und meine Worte mich um alles zu kümmern, fanden nicht das Verständnis bei ihr. Sie schrie mich an:>> Wie kannst du jetzt so herzlos sein und über die weiteren Schritte reden<<. Ich blieb ruhig und war selber über meine Gleichgültigkeit, überrascht. Aber einer musste es doch machen.

Es war eine kleine Trauergemeinschaft auf dem Friedhof. Am Schluss kam ein elegant gekleideter Herr auf die Witwe zu und reichte ihr einen Umschlag und murmelte:>> Schrecklich wie Emil im Sarg aussah<<.

Zu dieser Zeit, wechselte ich meinen Arbeitgeber und war die ganze Woche auf Außenmontage.

Wenn ich von der Montage nach Hause kam, roch es in der ganzen Wohnung nach Putzmittel, weil meine Schwiegermutter einen Putzfimmel hatte. Mein Schwiegervater wusste nichts Besseres, als seine Frau aus langer Weile herum zu kommandieren, weil er mit 17 zur Wehrmacht ging und im Krieg das linke Bein verloren hatte und dadurch immer zu Hause war.

Wenn ich nach der langen Autofahrt von meiner Arbeit und der anstrengenden Fahrt erzählte, war sein Kommentar >>In deinem Alter habe ich noch Bäume ausgerissen<< wie toll dachte ich. Unsere Tochter Claudia wurde 1966 geboren und meine Schwiegereltern, bei denen wir ja immer noch wohnten, mischten sich in alles ein. Da sie selbst vier Kinder groß gezogen hatten, war die Erziehung meiner Tochter von der Erfahrung meiner Schwiegereltern geprägt. Aus dieser Situation heraus, war ein Zusammenleben unerträglich.

Wie suchten verzweifelt eine Wohnung und fanden in Neibsheim, in der Nähe von meinem Arbeitsplatz in Bretten, eine Dachgeschoßwohnung.

Endlich waren wir allein, dafür musste ich immer noch auf Montage. Doch Siggi war mit dieser Welt unzufrieden. Neibsheim war ein kleiner Ort. Sie fuhr den ganzen Tag mit dem Kinderwagen umher was für Sie stinklangweilig war. Ich hatte ja auf Montage, meine Abwechslung.

Einmal wurde das Montage-Team von einem Arbeits-Kollegen in sein Haus eingeladen. Wir tranken Bier und es gab belegte Brote, alle waren in lustiger Stimmung. Als der Gastgeber zum Aufbruch drängelte, fragte er, was jeder verzehrt hatte, denn jeder musste seinen Verzehr bezahlen. Wir schauten uns gegenseitig an und waren schlagartig alle besoffen. Das konnte der Gastgeber überhaupt nicht nachvollziehen. Wir sangen laut Lumpenlieder und stolperten auf den Balkon. In der Nachbarschaft zog man die Rollläden hoch um nachzusehen, wer da so laut sang. Dem Gastgeber war das so peinlich und er bat uns mit der Singerei aufzuhören.

Aber unser Kollege Hans setzte noch einen drauf. Er pinkelte im hohen Bogen vom Balkon herunter. Das war dem Gastgeber zu viel. Wir verließen sein Haus unter lautem Gesang. Was für eine Blamage für den Gastgeber. Dieser Auftritt war Dorfgespräch eine ganze Woche lang.

Meine Montageplätze waren in ganz Deutschland verteilt und immer mit einem Abendteuer und Aufregungen verbunden.

Hier ein paar nennenswerte Ereignisse:

Der Zementsack:

In der Brauerei in Karlsruhe hatte ich als Vorgesetzter, einen Montageleiter namens Willi. Es war eine Berliner Großschnauze.

Wir montierten in einem Neubau im dritten Obergeschoß, einen Plattenerhitzer für Bier mit Zuleitung zur Abfüllanlage. Die Stimme von Willi war schon von Weiten zu hören. Er diskutierte mit dem Architekten und tat wie immer ganz wichtig. Mein Name fiel öfters bei dieser Unterredung und er wollte mir mal wieder zeigen, was er so drauf hatte. Ich machte dem Lobgesang von Willi ein jähes Ende. Der Zementsack glitt mir leider ungewollt aus meinen Händen und schlug im Erdgeschoss wie eine Bombe ein. Ich hörte erst Fluchen und dann nur Husten und Keuchen.

Willi verließ kurz danach die Baustelle. Mit dieser Baustelle wollte er nichts mehr zu tun haben. Ich sah ihn nie wieder.

Das Schauglas:

Die Brauerei war in Essen, der Braumeister Karl ein Besserwisser. Auf seine Anweisung, die ich mir auf dem

Montageplan von ihm habe schriftlich abzeichnen lassen, sollte ein Schauglas zwischen Bierkessel und Abstellhahn eingebaut werden. Mein letzter Versuch Karl klarzumachen, dass wenn das Schauglas bricht, dann der ganze Bierkessel ausläuft, hatte ihn nicht interessiert, denn er hatte hier das Sagen.

Es war Feierabend und ich machte meinen Kontrollgang durch die Abfüllräume. Mein Hakenschlüssel glitt mir aus der Hand und traf das Schauglas, es waren keine Beschädigungen am Schauglas zuerkennen. Doch die Spannungen und der Druck im Bierkessel sowie der Haarriss im Schauglas brachten nach einiger Zeit das Glas zum Bersten.

Ich wollte gerade vom Brauereigelände wegfahren, da rannte mir der Pförtner hinterher und schrie:>> Sofort anhalten, im Bierkeller steht das Bier ca. 10 cm hoch.

Im Abfüllraum sah ich einen ratlosen Braumeister knöcheltief im Bier stehen. Er winkte mir ab, ich solle gehen darauf hin drehte ich mich auf dem Absatz um und ging zu meinem Auto. Es kamen keine Beschwerten über mich an meine Firma.

Sturz vom Baugerüst.

Es geht nichts über Schnelligkeit, mein Spruch war immer :>> Langsam ist präzise und präzise ist schnell <<.

Dies galt aber nicht bei Herrmann er war der Monteur für Steigleitungen, die über dem Dach endeten. Ich war dabei die Holzverschalung zu entfernen. Dies ging Herrmann zu langsam.

Er schob mich beiseite und riss die Stützlatten mit einem kräftigen Ruck aus der Verankerung.

Das war die letzte Handlung von Herrmann. Er stürzte mit der Stützlatte in der Hand, rücklinks vier Meter tief in das Moniereisengeflecht. Ein schrecklicher Anblick, mir wurde übel. Die Nachforschungen der Sicherheitsbehörde waren sehr unangenehm. Man fragte mich nach dem Hergang des Unfalls und unterstellte mir Unachtsamkeit. Es gab jedoch einen Zeugen der die Sachlage klärte.

Der Wasserkessel:

Für die Wartung am Warmwasserkessel war ein Mannloch für die Reinigung angebracht. Walter stand öfters unter Strom, da es in den Brauereien Biere immer gratis gab. Den Grund warum Walter sich zum Schlafen in den Wasserkessel legte, haben wir nie erfahren. Man suchte nach ihm und es wurde auch beim Pförtner nachgefragt, ob Walter das Firmengelände schon verlassen hatte. Dies war nicht der Fall und so man suchte weiter nach ihm. Ein schrecklicher Fund beendete die Suche nach Walter. Im Schauglas konnte man die im Heizungskessel schwimmenden Menschenhaare, sehen. Walter starb im heißen Wasser.

Eine unangenehme Belohnung:

Die Kelterei stellte Fruchtsäfte aller Art her und meine Familie war begeistert von den Saftproben die ich immer mitgebracht habe. Die Montage ging termingerecht und erfolgreich zu Ende. Die Firmenleitung zeigte sich großzügig, indem sie mir fünf Kartons verschiedener Fruchtsaftsorten zu meinen VW-Bus bringen wollten. Das war mir überhaupt nicht recht, denn ich hatte vorgesorgt und hatte bereits sieben Karton im Auto verstaut. Was tun ? Mir schossen viele

Gedanken durch den Kopf, wie ich dieses Geschenk verhindern konnte. Not und Kummer machen erfinderisch. Ich erzählte was vom meinem empfindlichen Magen und das ich getrennt lebe. Mit einem erzwungenen Lächeln konnte ich die Geschenkaktion abwehren.

Vermutlich Volltrunkenheit:

Die Montage des Weinerhitzers war bei dem Boxbeutel-Weinvertrieb abgeschlossen. Als Dankeschön erhielt ich 24 Flaschen Boxbeutel und einen Karton Scheurebe. Meine Kleidung roch nach Weinkeller und während der Fahrt muss eine Flache zerbrochen sein. Den dadurch entstehenden Geruch im Auto habe ich nicht bemerkt, aber die Polizeikontrolle.

Der Beamte fackelte nicht lange und sagte zu mir: >> Steigen sie mal aus, sie riechen ja nach Alkohol wie eine Schnapsdrossel<<. Ich war völlig verwirrt, aber dieser Umstand wurde von den Polizeibeamten falsch verstanden. Die nächste Frage war:>> Haben sie Drogen zu sich genommen<<. Was wollen denn die Beamten von mir, dachte ich und suchte meine Autopapiere und den Führerschein. Meine Bewegung zur Brusttasche war den Beamten zu schnell und so schaute ich plötzlich in den MP-Lauf von einer UZI. Nur jetzt die Ruhe bewahren:>> Steigen sie sofort aus<<, schnauzte mich der Polizeibeamte an. Ich folgte seinen Anweisungen und wusste was jetzt folgen würde. Ich musste mich schräg ans Auto stellen die Hände auf das Wagendach. Ein Fuß des Beamten hakte sich bei mir innen am rechten Fuß- Knöchel ein. Diese Vorsichtsmaßnahme kannte ich ebenfalls. Sie diente als Schutz, denn wenn ich mich bewegt hätte, hätte der Polizeibeamte meinen rechten Fuß nach hinten gezogen und ich wäre mit dem Gesicht an der Autoscheibe entlang nach unten gerutscht. Das ist schmerzhaft.

Dann entdeckten die Beamten meinen Weintransport und die finsteren Mienen hellten sich plötzlich auf.

Man entschuldigte sich und ließ mich weiterfahren. Ich verstand die Handlung der Polizei. Ein anderer Autofahrer, hätte wahrscheinlich aggressiv gehandelt, ich wollte nur nachhause.

Der wertvolle Edelstahlschwimmer:

Eigentlich gab es bei jeder Montagestelle die selbst produzierten Getränke bei Bedarf gratis oder ein festgelegtes Kontingent. Bei der Schnapsherstellung schien das nicht zuzutreffen. Der Betreiber zeigte mit keiner Geste daraufhin, dass am Ende der Montage eine Flasche oder mehr als Dankeschön mir überreicht werden sollte. Um jedoch an den Schnaps zu kommen, ließ ich mir was einfallen.

Zum besseren Verständnis ein paar technische Details zur Schnapsabfüllanlage.

Der Schnaps wurde mittels Kreiselpumpe zur Abfüllanlage gepumpt. Damit diese Kreiselpumpe nicht bei Leerlauf durchdrehen konnte war ein Vorlaufgefäß, wie in der Toiletten-Wasserspülung, vorgeschaltet. Der Schwimmer sorgte dafür, dass immer Schnaps der Kreiselpumpe zur Verfügung stand. Das funktioniert so: Wenn der Vorlaufbehälter voll war, ging der Schwimmer hoch und stellte die Schnapszufuhr vom Schnapstank ab. Wenn der Inhalt im Vorlaufbehälter abnahm, ging der Schwimmer nach unten und öffnete dabei den Zulauf vom Schnapstank.

Bei dieser Mechanik, setzte ich an. Ich bohrte ein Loch von einem Millimeter in den Edelstahlschwimmer bevor ich den Schwimmer montiert hatte und verabschiedete mich vom Kellermeister.

Es dauerte keine Woche, da rief mich dieser Kellermeister an und bat um einen Besuch. Ich fragte ihn nach dem Grund und er sagte, dass der Edelstahlschwimmer im Vorlaufbehälter klemmt. Mir war sofort klar was getan werden musste. Im Materiallager besorgte ich mir einen neuen Edelstahlschwimmer und fuhr zum Kunden. Es war eine Arbeit von wenigen Minuten. Ich tauschte den Schimmer aus, verstopfte das ein Millimeter Bohrloch zu, damit der Schnaps nicht auslaufen konnte und fuhr zurück in meine Firma. Die Freude war unter den Montagekollegen groß, denn wir hatten ca. 15 Liter edlen Himbeergeist, denn in Gedanken hatte jeder nur ans Saufen gedacht.

Kein gratis Bier:

Die Brauerei in München war eine Brauerei mit einem Braumeister der alles besser wusste und obendrein noch geizig war. Wir hatten etwa zwei Wochen Montagearbeit erledigt und immer noch kein Gratis-Bier erhalten. Ich war stink sauer und rächte mich auf meine Art. Die Montage war abgeschlossen und es war spät am Abend, als ich bei meinem letzten Rundgang die Verschlüsse der Zuleitungen zur Abfüllanlage etwas öffnete. Dies hatte zur Folge, dass wenn der Braumeister am nächsten Morgen die Anlage mit Wasser anfahren würde, aus einigen Verschraubungen das Wasser mit acht bar in den Raum spritzt. Dann viel Spaß.

Mein Motto: Wer trinken kann, kann auch arbeiten.

Meine letzte Montagestelle war in München.

Um meine Montagemitarbeiter etwas aufzumuntern, lud ich sie zu einem Spiel ins Wirtshaus ein. Das Gesellschaftsspiel heißt Bodenseelachs. Die Kellnerin hatte die Aufgabe den 0,5 Liter Bierseidel immer dann zu füllen wenn er leer war. Ein Kartenspiel war der Auslöser zum Biertrinken. Der Kartenstapel lag verdeckt auf dem Tisch. Jeder zog eine Karte vom Kartenstapel oben weg. Wer das erste Ass gezogen hatte, musste von seinem Bierkrug ein Viertel Inhalt trinken. Wer das zweite Ass zog, musste von seinem Bierkrug die Hälfte des Inhalts trinken. Wer das dritte Ass zog gezogen hatte, musste von seinem Bierkrug dreiviertel Inhalt trinken. Wer das vierte Ass zog, musste seinen vollen Bierkrug ganz austrinken.

Man stelle sich nach ein paar Runden die Gesellschaft vor. Der Eine stöhnte, wenn er schon wieder das vierte Ass gezogen hatte und den Bierkrug austrinken musste, manche saßen schon geraume Zeit vor ihren vollen abgestandenen Bierkrug und wieder andere hatten das sogenannte Glück, vernünftig oder unvernünftig zu trinken.

Es war ein gelungener Abend und ich sagte beim nachhause gehen:>> Meine Herren morgen früh um 6 Uhr beim Frühstück, wer saufen kann, kann auch arbeiten<< Gelächter drang an mein Ohr. Ich ahnte schon was bei dem ungleichen Besäufnis folgte.

Am Frühstückstisch fehlte Karlheinz, wir warteten ca. 20 Minuten auf ihn, aber er kam nicht. Man händigte mir den Zimmerschlüssel aus. Ich ging zu seinem Zimmer und horchte an der Tür. Ein leises Schnarchen war zu hören. Es war eine kurze Prozedur. Beim Aufschließen musste er wohl aufgewacht sein, doch das ersparte ihm aber nichts.

Ich schnappte ihn am Kragen und stellte mich mit ihm gemeinsam unter die kalte Dusche. Er schrie und schnappte nach Luft wie ein Fisch auf dem Trockenen. Solange ich mit ihm zusammen gearbeitet habe, kam er nie mehr zu spät.

Von einem Bekannten erfuhr ich von Helga aus München. Er gab mir ihre Tel-Nr. mit der Bitte Ich sollte Ihr von ihm Grüße ausrichten. Das tat ich auch als ich wieder in München war. Ich machte sie am Telefon neugierig und sie sagte einem Treffen zu. Eine schwarze, hübsche Frau Mitte Zwanzig stand vor mir. Eine leidenschaftliche Affäre begann. Ich stellte mich aus Sicherheitsgründen unter falschem Namen vor.

Wir gingen nach der Arbeit noch aus und ich wurde immer dünner, es war wohl die schwere Arbeit.

Als ich ihr gestand, dass ich verheiratet bin, änderte sich in unserer Beziehung nichts und diese hielt solange ich in München beschäftigt war. Ich hatte ein schlechtes Gewissen, denn es war um die Weihnachtszeit. Den Kofferraum voller Geschenke für alle machte ich auf heile Welt und Familie.

Die Montage ging zu Ende und wir trafen uns nicht mehr.

Meine Frau wollte unbedingt wieder nach Ettlingen zu ihren Eltern und so kam es, dass ich sie und meine Tochter von Neibsheim nach Ettlingen bringen musste, bevor ich zum Montageort fahren konnte. Dies war auf Dauer keine Lösung. Ich trug mich mit dem Gedanken, die Arbeitsstelle zu kündigen. Meine letzte Montagestelle war München Unterföhring.

Wir besuchten anstandshalber einmal in der Woche meine Adoptivmutter, einmal mit und einmal ohne Kinder. Nach dem mein Adoptivvater gestorben war, zog meine Adoptivmutter vom Ersten O.G. nach unten in ein kleines Appartement mit Küche und einem Wohnschlafzimmer mit Ausblick zur Hauptstraße hin.

Ein schreckliches Erlebnis für meine Kinder und mich, war der letzte Besuch bei meiner Adoptivmutter.

Wir klopften an die Wohnungstür, keine Antwort. Wir versuchten es dann mehrmals, keine Antwort. Mein siebter Sinn signalisierte mir Unheil. Die Tür war nicht verschlossen. Ich öffnete zaghaft die Tür. Ein grauenvolles Bild ließ mich erstarren. Bevor meine Kinder etwas sehen konnten, brachte ich sie zur Tante Anna, Sie war die Schwester meiner Adoptivmutter. Diese wohnte in der gleichen Straße gegenüber. Ich kam zurück in die Wohnung meiner Adoptivmutter. Sie lag gekrümmt auf dem Fußboden, die rechte Gesichtshälfte war gelähmt. Sie konnte nicht mehr sprechen. Der Darm und die Blase hatten sich entleert, mir war klar, sie hatte einen Schlaganfall. Beim Nachbar rief ich den Krankenwagen. Sie kam direkt auf die Intensivstation. Wir besuchten sie im Krankenhaus, sie war nicht ansprechbar und starb einen Tag später.

Bei der Beerdigung habe ich meine sogenannte Verwandtschaft erst richtig kennengelernt. Am Grab noch herzzerreißende Trauerszenen, auf dem Weg vom Friedhof nach Hause aber wurden schon die Habseligkeiten meiner Adoptivmutter verteilt.

Da ein Unheil selten allein stattfindet, starb meine Tante Anna. Ein Jahr später Felix, der Bruder meiner Adoptivmutter. Das gleiche Gehabe und Getue bei den Beerdigungen. Am Grab versprach mir meine Cousine Anni das Vermögen meiner Tante mit mir zu teilen. Wir waren ja verwandt.

Eine Woche später kam ein Anruf von meiner Cousine, mit dem Wortlaut:>> Du hast ja keinen Erbanspruch, weil du adoptiert bist <<. Zu dieser Zeit war das geltende Recht. Ich hatte die Nase von den Verwandtschaftsverhältnissen gestrichen voll.

Der Frühling kam und wir machten Anstandsbesuche, denn meine Frau hatte eine Schwester die in Waldorf bei Heidelberg mit einem Fotografen verheiratet war. Liesel war eine liebe und immer mit Kochen beschäftigt Frau. Es gab immer das Gleiche. Dies war, panierte Schnitzel und Pommes und grüner Salat. Wir besuchten sie öfters, denn man konnte mit ihrem Mann und mit ihr stundenlang diskutieren. Dies war immer ein angenehmer Besuch, bis auf den Tag an dem alles schief ging und unser Leben an einem seidenen Faden hing. Das Schicksal stellte mich und meine Familie auf den Prüfstand.

Wir waren auf dem Weg zu Liesel, die Schwester meiner Frau. Auf der Autobahn Richtung Kirrlach – Kronau, passierte es.

Plötzlich kam ein lautes grollendes Geräusch vom hinteren rechten Radkasten. Das Fahrzeug verlor die Spur und raste mit 210 km/h in Richtung Leitplanke. Den Aufprall konnte ich nicht verhindern, zog aber am Lenkrad in die andere Richtung, dann ein fürchterliches Krachen. Der Wagen brach danach nach rechts aus und begann sich wie ein Kreisel zu drehen. Es knallte in gleichen Abständen, einmal hinten, dann wieder vorne. Ich sah einmal die Leitplanke, dann wieder die Bäume. Aus dem Augenwinkel sah ich hinter uns, dass der

Verkehr zum Stillstand gekommen war. Meine Frau und meine drei Kinder, Claudia, Marion und Holger der gerade 4 Jahre alt war, wurden im Fahrzeug durch geschüttelt. Hinter meinem Fahrzeug blieben alle Autos stehen, ich hatte mich in meiner Wahrnehmung nicht getäuscht. Gott sei Dank ich hatte die ganze Autobahnbreite zur Verfügung. Der PKW begann sich immer wieder wie ein Karussell zu drehen.

Die Einschläge mit dem PKW an der immer wieder tuschierende Leitplanke krachten fürchterlich und die Luft war verqualmt vom Gummiprofilabrieb der Reifen Ich rechnete in jeder Sekunde damit, dass die Autotüren aufspringen würden, aber sie blieben verschlossen. Holger war vom Rücksitz auf den Fahrzeugboden gefallen, meine Frau schrie und hielt sich die Hände vor die Augen, Claudia und Marion umklammerten sich und weinten leise.

Ich sah den Sensenmann kurz aufblitzen.

Nach einer weiteren Pirouette, kam ich auf dem Seitenstreifen zum Stehen. Als ich ausgestiegen war und den Schaden am Auto sah, war ich sprachlos. Der Wagen sah aus als ob jemand mit einem großen Vorschlaghammer die Ecken rund geschlagen hat. Der Kofferraum war total verzogen. Da ein Waldstück in der Nähe war, suchte ich einen passenden Holzknüppel um den Kofferraum zu öffnen, damit ich das Ersatzrad zum Montieren herausnehmen konnte. Die eingedrückten Kotflügel musste ich ebenfalls mit dem Holzknüppel aufbiegen, damit ich lenken und weiterfahren konnte, was dann auch ging.

Doch Tage später folgte wieder ein schreckliches Ereignis.

Wir machten Picknick an einem Bach und die beiden Mädels hatten die Luftmatratze aufgeblasen um in dem Bächlein zu schwimmen. Holger setzten sie auf die Luftmatratze. Sie winkten uns zu. Ich war mit dem Grillen beschäftigt und sah nicht, dass die Luftmatratze in Richtung Stellfalle trieb. Erst als die Mädchen laut nach mir riefen, sah ich die Gefahr. Ich rannte los, aber es war zu spät. Die Luftmatratze stieß an der Stellfallenbrüstung an und Holger fiel von der Luftmatratze und verschwand im tiefen Wasser.

Es fehlten noch etwa 2 Meter bis zur Stelle, an der Holger abgetaucht war. Ich machte einen Hechtsprung ins Wasser und konnte sein blondes Haar sehen und griff zu. Es war in letzter Sekunde, der Sog hätte ihn unten am Boden und dem Stellfallenbrett, eingeklemmt.

Nach Murphys Gesetz, kommt ein Unheil nie alleine und diese Regel stimmte immer noch.

Mit der Familie vom Volker waren wir Tage danach am Baggersee zum Baden. Holger stand am Ufer und schaute seinen Schwestern zu.

Plötzlich sprang er ins Wasser und war weg. Meine Erinnerung von der Stellfalle kam in mir hoch. Nein nicht nochmal, schoss es mir durch den Kopf und ich war schon automatisch in Bewegung Richtung Holger. Das Wasser war zum Glück nicht so tief und ich konnte ihn schnell hochziehen.

Jetzt hatte ich das Baden mit Familie an Baggerseen satt.

Da ich damals schon an die Macht des Unterbewusstseins glaubte, ging mein Wunsch die Arbeiterklasse zu verlassen in Erfüllung. Die Weichen wurden in diese berufliche Richtung gestellt. An einer Tankstelle in Ettlingen sprach mich ein junger Mann an, der dem Gespräch zuhörte, ob ich nicht in die Firma kommen möchte, in der er als Dekorateur arbeitete.

Dieser Vorschlag des jungen Mannes, kam auch wegen meiner Unzufriedenheit die ich an der Tankstelle beim Tankwart loswerden konnte.

Ich bekam die Stelle und wir zogen von Neibsheim wieder nach Ettlingen zu meinen Schwiegereltern. Da ich zu dieser Zeit nur ein Arbeiter war und die älteste Schwester von Siggi einen Oberlehrer geheiratet hatte war ich bei meinen Schwiegereltern nicht gut angesehen. Aber ich zeigte es allen, mehr darüber später.

Wir zogen nach einem Jahr wieder um nach Reichenbach. Ich fuhr mit der Straßenbahn zur Arbeit.

Der Mann, der mich an der Tankstelle angesprochen und mir den Job besorgt hatte hieß Dieter und war von Haus aus wohlhabend. Wir wurden gute Arbeitskollegen und Dieter brachte mich in den Männergesangverein. Wir hatten eine schöne Arbeit, denn Dieter hatte immer wieder Ideen, wie man andere Menschen ärgern konnte. Dies stellte er, bei einem zweitägigen Ausflug mit den Gesangskollegen, unter Beweis. Während die Sängerkollegen am Tisch kräftig dem Bier und dem Wein zusprachen, verschwand Dieter und kam grinsend nach ein paar Minuten wieder zurück. Was hatte er wieder angestellt, dachte ich. Am Frühstückstisch hörte man die Sängerkollegen jammern und stöhnen. Jeder hielt sich den Rücken und fluchte über die schlechten Betten. Was war geschehen. Ich fragte Dieter, der lachte und erzählte mir auf der Heimreise was er angestellt hatte. Die Betten hatten dreiteilige Matratzen. Dieter tauscht die Matratzen um, in dem er das Mittelstück oder das Kopfstück aus dem

Bettkasten entfernte. Bei den Anderen stellte er den Lattenrost schief. Die Sängerkollegen waren so betrunken, dass sie ins Bett fielen und nichts merkten. Den unruhigen Schlaf und die schlechte Unterlage bemerkten sie erst morgens mit einem Kater am Frühstückstisch.

Meine Tochter Marion kam 1967 zur Welt und es schien alles bestens zu laufen oder doch nicht?

Für unsere Streiche hatten Dieter und ich auch in der Firma ein Opfer gefunden, es war der Abteilungsleiter Heinz.

Hier ein paar Streiche.

Teppich.

Es war schon eine halbe Stunde nach Feierabend, da stürzte Heinz die Außenstahltreppen zur Dekoration hoch. Der Raum war 20 qm groß und in der Mitte stand ein Arbeitstisch der ein Drittel des Raumes ausfüllte.

Er riss die Tür auf und schnaubte: >> Ihr müsst noch einen Teppich zum Kunden ausliefern <<. Wir sahen uns beide an, zuckten mit den Schultern und trabten los. Den Teppich wurde in den Kombi verfrachtet. Wir hatten die Adresse von Heinz erhalten und fuhren los. Dort angekommen, stellten wir uns doof, was das Teppichauslegen betraf. Wir packten den Teppich aus und nahmen die Rechnung vom Lieferanten mit. Der Kunde fragte uns: >> Rauchen sie <<, wir nickten. In Gedanken hofften wir, dass es mindestens Trinkgeld für zwei Packungen Zigaretten gab. Es kam leider nicht so, wie wir erhofft hatten. Die Kundin klopfte für jeden eine Zigarette aus der Packung. Wie bedankten uns überaus höflich und fuhren zurück in die Firma. Heinz wartete schon auf uns. Er fragte im Befehlston:

>> Habt ihr die Rechnung vom Lieferanten mitgebracht <<. Dieter machte ein ungläubiges Gesicht und stammelte hilflos: >> Die haben wir dem Kunden übergeben <<. Heinz sackte leicht in die Knie, dann schrie er los:>> Habt ihr nicht alle, auf der Rechnung steht der Einkaufspreis. Wie soll ich das meinem Chef erklären <<. Er raufte sich die Haare und sank auf seinen alten Stuhl in seinem kleinen Durchgangsbüro. Er war verzweifelt. Dieter konnte das nicht länger mit ansehen und griff sich in die Brusttasche:>> meinen sie diese Rechnung<<. Heinz riss die Augen auf, Dieter ließ die Rechnung auf seinen Schreibtisch fallen, dann suchten wir schnellstens das Weite.

Der Einsatz von Walnüssen.

Heinz hatte die Angewohnheit sich nach getaner Arbeit in seinen alten vierbeinigen, normalen Schreibtisch Stuhl fallen zu lassen. Das brachte uns auf die Idee, halbe Walnussschalen an das Fußende der Stuhlbeine zu kleben. Gedacht getan. Heinz war mal wieder erschöpft und sank langsam auf seinen Schreibtischstuhl. Da, ein hölzernes Knirschen, wie von einer Tarantel gestochen, sprang Heinz aus der Sitzposition, im Gesicht kalkweiß. Das hatte gesessen.

Asparagus-Züchtung

Heinz war ein Blumennarr. Im Firmen Innenhof hatte er einige Blumenkästen montiert, wo er täglich öfters seine Pflegefortschritte begutachtete. Der Höhepunkt seines Strebens als Blumenzüchter war es, Asparagus zu züchten. Also zupfte er die roten Beeren vom Asparagus ab und pflanzte diese in einen separaten Blumentopf.

Das Getue von Heinz ging uns auf die Nerven. Morgens mit der Gießkanne am Blumentopf und Mittagskontrolle usw.

Dieter sagte zum Lehrling :>> Geh zum Samenmeier und hol ein paar Sonnenblumenkerne<<. Wir tauschten die Asparagus Beeren im Blumentopf gegen die Sonnenblumenkerne aus. Wir harrten der Dinge und es dauerte nur zwei Tage. Ein Aufschrei drang vom Innenhof an unsere Ohren:>> Asparagus, mir ist es gelungen << schrie Heinz vor lauter Eifer und Stolz. Er rief uns zusammen und zeigte uns stolz seinen Zuchterfolg. Wir nicken alle respektvoll. Zwei Tage später wieder ein Aufschrei von Heinz, der Grund war, dass Heinz münzengroße Blätter in seinem Blumentopf sah, also niemals Asparagus. Er verflucht uns alle. Wer das angerichtet hatte, hat er nie erfahren.

Ersatz für das Toilettenpapier.

Heinz hatte Probleme mit dem Verdauungsapparat. Er trank morgens ein Glas Most und spätestens nach 10 Minuten, raste er auf die Toilette und stöhnte, was für eine Wohltat. Wir beobachteten diesen Ablauf einige Zeit und waren entschlossen dieser Wohltat ein jähes Ende zu bereiten. Dieter tauschte das Toilettenpapier gegen Schmirgelpapier aus.

Es dauerte nicht lange. Heinz verschwand in der Toilette, dann kam die Wohltat und ein Schrei von der Toilette: >> Wo ist mein Toilettenpapier <<. Wir hörten uns das Geschrei an und die Kunden die im Laden waren schüttelten den Kopf. Wir hatten Erbarmen und schoben eine Zeitung unter der Tür durch. Die Übeltäter wurden leider nicht ermittelt

Die Montage der Klobürste.

Heinz hatte kein Auto und auch keinen Führerschein. Also fuhr er mit dem Fahrrad ins Geschäft. Statt der Luftpumpe haben wir Heinz eine übel riechende Klobürste ans Fahrrad montiert. Die Übeltäter wurden leider auch diesmal nicht ermittelt.

Die Autofahrt mit Schrecken.

Ein Kunde reklamierte eine Lieferung und forderte mit dem zuständigen Abteilungsleiter zu sprechen. Ich erklärte mich bereit Heinz zum Kunden nach Reichenbach zu fahren. Wie man weiß, versuchen diese Menschen ohne Führerschein immer die Fahrer in ihrer Fahrweise zu belehren. Ich kannte die Strecke sehr gut und setzte deshalb den laufenden Belehrungen ein jähes Ende. Auf der Heimfahrt in Richtung Ettlingen führte die Straße durch ein größeres abfallendes Waldstück. Die Fahrt war flott und Heinz meinte, dass die Geschwindigkeit zu schnell sei, da der Straßenverlauf in eine Linkskurve mündete. Ich wusste, dass man auch geradeaus in einen schmaleren Weg fahren konnte, aber er nicht. Als wir der Kurve sehr nahe waren, schrie Heinz auf:>> Jetzt simmer hie (badischer Dialekt :>> jetzt sind wir tot) << das Gesicht war angstverzerrt, als wir den Sicherheitsweg durchfuhren. Nach diesem Abstecher hatte ich einen absolut schweigsamen Beifahrer neben mir.

Das Stromkabel Heizungslüfter.

In der kalten Jahreszeit hat Heinz für seine Füße einen elektrischen Heizlüfter mitgebracht. Das Kabel führte von seinem Büro über unsere Außentreppe in die Steckdose in unseren Deko-Raum. Die Tür konnte wegen des Stromkabels nicht geschlossen werden. Das nervte uns, weil auch wir den Kälteluftzug abbekommen haben. Diesem Zustand musste ein

Ende bereitet werden. Dieter hatte die einfachste Lösung. Er nahm einen kleinen Schraubendreher und durchstach das Elektrokabel. Es dauerte keine zwei Minuten, da stampfte Heinz die Treppe hoch und prüfte ob der Kabelstecker in der Steckdose war.

Er verstand die Welt nicht mehr. Das Kabel war angeschlossen und das Heizgerät lief nicht. Sein dreimal gescheiter Sohn werde sich der Sache annehmen, murmelte er und zog von dannen. Das Elektroheizgerät wurde auf Herz und Nieren von seinem Sohn geprüft, bestätigte uns Heinz. Stecker in Steckdose, Gerät fachmännisch geprüft, Tür nicht geschlossen. Heinz stampfte die Treppe hinunter in sein Büro. Er kam wieder die Treppe hochgestolpert und maulte << Das gib es doch nicht ! Mein Sohn kommt vorbei und prüft die Steckdose <<. Wir nickten zustimmend. Die Prüfung der Steckdose brachte keine neue Erkenntnis. So wurde diese Art der Heizung wegen unauffindbarem Fehler abgestellt.

Der Chef hat immer recht ?

Ab und zu half ich auch mit im Schaufenster zu dekorieren. Mir wurde eine Auszubildende als Hilfe zugewiesen. Die Dame war so was von begriffsstutzig, dass mir der Geduldsfaden riss und ich sie anschnauzte: >> Du bist doch eine selten doofe Kuh << Das hatte Folgen.

Tage später musste ich beim Chef antanzen. In seinem Büro angekommen saßen bei meinem Chef der Vater und die angeschnauzte Auszubildende. Ich hatte gerade den Raum betreten und wollte meinen Chef begrüßen, da legte ihr Vater los. Meine Äußerung, dass seine Tochter eine doofe Kuh sei, wäre eine Unverschämtheit und ich sollte mich bei ihr entschuldigen. Ich sah ihn verdutzt an und mein Chef stellte sich schwerhörig. Er fragte den Vater noch mal, was ich gesagt hatte. Bevor der Vater noch eine Ergänzung dazu sagen konnte, schnitt ihm mein Chef das Wort ab und grollte mit seiner Militärstimme:>> Wenn der Brisach das gesagt hat, dann wird es wohl stimmen<<. Dann ging er abrupt zur Tür und er war verschwunden.

Ich folgte ihm und lies zwei ratlose Personen zurück.

Dieters Onkel hatte eine Gaststätte, die wir öfters besuchten.

Da Dieter bei der Feuerwehr Mitglied war, hatte er auch einen gesunden Durst. So geschah es, dass wir wieder mal an der Theke standen und um Jägermeister Runden würfelten. Sein Onkel hatte Pech, er verlor Runde um Runde.

Da plötzlich gewann er eine Runde. Er schenkte aus. Wir erhoben die Gläser, ich schielte zum Dieter rüber und bemerkte, dass er kurz vor dem sich Übergeben war. Sein Onkel wollte gerade das mit Jägermeister gefüllte Glas zu Munde führen, aber es war zu spät. Dieter kotzte über die Theke. Das Glas des Onkels war nicht mehr voll Jägermeister sondern mit Erbrochenen. Dann mal prost. Wir verließen schnell die heiligen Hallen. Ich schob Dieter auf den Beifahrersitz, schwang mich hinters Lenkrad und ab ging es in Richtung Heimat.

Ich hatte große Mühe, Dieter in das erste Obergeschoß zu schieben. Oben angekommen, öffnete mir seine Frau die Wohnungstür. Dieter fiel wie ein Baum Richtung Flur um. Ich machte wortlos kehrt und fuhr mit Dieters Auto nachhause. Dies hatte einen besonderen Grund. Am Morgen danach fuhr ich sein Auto in die Firma und stellte es an den gewohnten Parkplatz.

Es dauerte nicht lange, da wurde nach Dieter gefragt. Ich erfand immer wieder andere Ausreden, wo Dieter in der Firma sein konnte. In der Mittagspause spitzte sich die Lage zu und ich fuhr zur Wohnung von Dieter Seine Frau öffnete mir die Tür und zeigte wortlos zur offenen Balkontür. Da lag er, ein Kopfkissen im Nacken und schlief.

Es dauerte einige Zeit bis wir ihn zum Mitnehmen bereit hatten. In der Firma angekommen schleppte ich ihn in die Dekoration. Er ward gesehen. Leider ramponiert aber auf Arbeit.

Dieter war auch ein krankhafter Schürzenjäger, wie sich herausstellte.

So kam es, dass er ab und zu bei den Proben fehlte. Ich fragte nach, wo er war, bekam aber nur unlogische Antworten. Das machte mich stutzig.

Mit seinem neuen Audi 100 war er mir überlegen, denn ich hatte kein Auto. Er bot mir öfters eine ausgedehnte Probefahrt mit seinem Auto an. Mein Unterbewusstsein lenkte mich auf den Verdacht, dass Dieter meiner Frau nachstieg. Ich wollte es genau wissen und legte mich auf die Lauer. Meine Vermutung hatte sich leider bestätigt. Dieter kam, stellte sein Auto ein paar Häuser weiter ab. Doch nicht mit mir. Ich stellte mich in Position und konnte so die Straße und den Hauseingang sehen. Er kam und blieb etwa eine halbe Stunde bei Siggi und fuhr dann wieder weg. Der Gedanke, wie ich den von mir vermuteten Seitensprung meiner Frau beweisen konnte, ließ mich an diesem Abend nicht los. Ich fand keine Lösung.

Mir wurde schlecht vor Wut und gekränkter Eitelkeit. Durch meinen Kopf schossen viele Gedankenblitze. Rache gegen wen? Verzeihen, denn ich war auch kein Heiliger ! Der angeknackste Stolz überragte am Ende alles, aber auch das Verzeihen. Meine Frau war mir wichtiger, doch dem Dieter wollte ich einen Denkzettel verpassen, das stand fest. Ich wartete auf eine günstige Gelegenheit. Sie kam schneller als ich dachte.

Dieter und ich fuhren zu einem Kunden. Es mussten Löcher in die Decke gebohrt werden. Dies war generell meine Aufgabe. Diesmal nicht, denn ich hatte eine glaubhafte Ausrede parat. Dieter stieg auf die Leiter und setze mit der Schlagbohrmaschine zum Bohren an. Beim zweiten Loch fragte ich ihn, wie viel Male er bei meiner Frau schon gebohrt hatte. Beim letzten Wort von mir gab ich der Leiter einen kurzen Ruck, es reichte aus, dass Dieter sich beim Absenken der Bohrmaschine den rechten Socken samt Hosenbein um das Bohrfutter wickelte. Weiß wie eine Wand war sein Gesicht. Mit Mühe konnte er die Bohrmaschine abstellen. Er stolperte die Leiter herunter und starrte mich an. Ich fragte nur, ob er weiter mein Vertrauen missbrauchen will und ab sofort Ende sei mit Siggi Es war Ende!

Wir arbeiteten noch fast ein Jahr zusammen, dann wechselte ich die Arbeitsstelle unter wundersamen Ereignissen.

Mein Traum ging in Erfüllung.

Zu unseren Kunden zählte auch Dr.S. Er war Direktor einer mittelständischen Firma. Es hat sich wie folgt zu getragen.

Ein Dekorationsauftrag an unsere Firma von der Fam. Dr.S. musste erledigt werden. Ich wurde zum genannten Kunden delegiert. Seine Frau war sehr nett und fragte mich, ob ich mal nach ihrer Waschmaschine schauen könnte. Aus dem Gespräch zuvor erzählte ich ihr von meinen Kenntnissen in

Elektrotechnik und vom Maschinenbau. Ich konnte die Waschmaschine wieder in Gang bringen und wollte mich gerade verabschieden, da kam ihr Mann nach Hause. Dieser lud mich, als Dankesgeste zum Abendessen ein. Es gab Kartoffelsalat und Wiener. Mir fiel auf, dass die Kartoffeln nur geviertelt waren? Seltsam aber was soll's.

Seine Frau erzählte ihm von meinen Fähigkeiten. Er hörte gelassen alles an, dann sagte er:>> Solche Leute kann ich in der Firma gebrauchen, kommen sie morgen Nachmittag gegen 17 Uhr in meine Firma<<. Ich war sprachlos und dachte, er macht einen Spaß mit mir ? Ich konnte es nicht fassen. Mein Wunsch ging in Erfüllung. Das Tor zum beruflichen Erfolg, wurde aufgestoßen. Mich durchlief ein angenehmer Schauer. Büroarbeiten, kein Blaumann mehr, das war die richtige Richtung.

Dr.S. empfing mich am nächsten Tag in seinem geräumigen eleganten Büro und bot mir Platz auf einem Ledersessel an. Er lächelte mich an, mir fuhr es in die Magengrube, denn ich hatte keine Ahnung was er von mir wollte. Ich versuchte seinem Blick Stand zu halten. Er holte Luft und sagte:>>Wir suchen einen Verkaufssachbearbeiter mit technischen Sachverstand, trauen sie sich das zu, diesen Job auszuführen<<.

Mir wurde warm und kalt, mein Mund war trocken, ich musste mich mehrmals räuspern, bevor ich sagen konnte, dass mir diese Aufgabe einen neuen Berufsstart eröffnen würde. Er reichte mir die Hand und sagte: >>Also dann zum 1.4.1969 <<.

Man zeigte mir meinen neuen Arbeitsplatz. Ich kam mir verloren vor. Eine Rechenmaschine mit Reiter und Kurbel, ein Telefon, ein Diktiergerät und ein Schreibtisch mit Schubladenunterbau voll leerer Hängemappen. Das Telefon klingelte, ich erschrak ! Wer wird das wohl sei ? Eine arrogante Stimme sagte:>> Personalabteilung Weber, kommen sie in mein Büro<<. Mein Herz schlug bis zum Hals. Man bot mir einen Stuhl an, als ich das Personalbüro betrat. Auch hier alles sehr großzügig ausgestattet. Er hatte die Sonne im Rücken und ich musste ins grelle Licht schauen, toll. Ich kannte die Technik der Konversation noch nicht. Er holte abwertend Luft und sagte, ohne mich anzusehen: >>Ich hätte sie nicht eingestellt, sie haben keine Qualifikation für diesen Job, Herr Dr.S. hat so entschieden <<. Nach knapp einem Jahr war ich fit. Herr Schuster wurde mir gegenüber gesetzt. Dieser brachte mir alles Wissenswerte bei. Da ich aus der Praxis kam, hatte ich neben dem erlernten kaufmännischen Wissen einen großen Vorsprung gegenüber meinen Arbeitskollegen im Verkauf. Ein weiterer Pluspunkt war, dass ich sehr gut Perspektiven zeichnen konnte und so kam es, dass man mich in die Abteilung Krankenhaus und Laboreinrichtungen versetzte. Der Abteilungsleiter Herr Irl war auf meiner Wellenlänge. Ich hatte mein Klassenziel erreicht. Wir arbeiteten mit Spaß und Elan. Der Personalleiter hatte an Dominanz mir gegenüber verloren. Ich hörte wie mein Abteilungsleiter Irl am Telefon zu ihm sagte, er könne ihm am Frack küssen und hatte daraufhin gekündigt. Ich übernahm Großprojekte und war öfters im Betrieb um Ratschläge bezüglich des Edelstahlschweißens, den Facharbeitern, zu geben. Wenn es notwendig war zeigte ich dem Meister wie man mit Schutzgas schweißt. Das brachte mir objektiven Respekt bei der Betriebsleitung ein. Die Krönung war, dass uns auf mein Angebot hin ein Auftrag über 500.000 DM erteilt wurde.

Die Konzernspitze war in der Schweiz und diese wechselten die Führungsebene bei uns aus. Den Grund dafür habe ich nie erfahren.

Dr.S. und der Personalleiter waren die ersten die ausgewechselt wurden. Mir setze man einen neuen Abteilungsleiter vor die Nase. Er bekam einen Dienstwagen Marke Ford-Taunus.

Einmal durfte ich diesen Dienstwagen fahren. Ich habe dies richtig ausgekostet. Mit der Sekretärin vom Abteilungsleiter traf ich mich um mit ihr das Offizierscasino der Amerikaner zu besuchen.

Ein Offizier fragte mich ob ich eine Runde Billard mit ihm spielen möchte. Der Einsatz pro Spiel, zwei Gläser Whisky-Sauer. Ein tolles Gesöff. Als wir das Casino verließen, war ich ganz schön knülle, fuhr aber dennoch Auto. Die Sekretärin setzte ich vor ihrer Wohnung ab und fuhr ohne nachzudenken an den Baggersee nach Forchheim, da war immer Party. Den Wagen stellte ich am Waldrand ab.

Besser gesagt im Wald zwischen den Bäumen, was ein Fehler war, wie sich später herausstellte.

Die Party war voll im Gange, man kannte mich und ich gesellte mich zu der angetrunkenen Gesellschaft. Zu der Zeit trug ich immer ein Klappmesser bei mir. Ich ahnte nicht, dass das Messer zum Einsatz kommen würde.

Im Halbdunkel erkannte ich einen älteren Herrn der sich an einem Jungen zu schaffen machte. Er fühlte sich unbeobachtet und bedrängte den etwa sechsjährigen Jungen. Die Eltern von dem Jungen hatte bis zu diesem Zeitpunkt nichts mitbekommen aber ich. Meine Wut und der Alkohol, den ich getrunken hatte, reichten aus. Ich griff nach meinem Klappmesser und warf es in die Richtung des älteren Herrn. Mein Messer verfehlte nicht sein Ziel. Erst jetzt bemerkten die Anderen was da abging. Das Messer streifte seine recht Wade und er konnte deshalb nicht flüchten, weil er so erschrocken war. Wir überstellten ihn der Polizei, von der Schnittwunde wollte niemand mehr was wissen.

Man hatte Respekt vor mir, das tat mir unheimlich gut. Der Abschied von der Gesellschaft war herzlich und das Lob ehrlich. Als ich dann mein Auto gefunden hatte, war ich fast wieder nüchtern. Ich legte den Rückwärtsgang ein und wollte auf die Straße einbiegen, ohne Erfolg. Es war wie wenn jemand den Wagen festhalten würde. Ich war ratlos, was war passiert. Ich schaute unters Auto und erschrak. Das Fahrzeug hatte ich im Suff über einen Baumstupf gefahren! Was nun. Da half nur rohe Gewalt, es war ja nicht mein Auto. Einmal nach vorne und dann mit Vollgas rückwärts, geschafft. Ich konnte die Heimfahrt antreten. Es schien alles in Ordnung zu sein ? Mir war in diesem Moment der Schaden am Auto egal.

Ein weiterer Großauftrag war in der Entscheidungsphase. Eine Firma in Frankfurt lieferte Laboreinrichtungen in die dritte Welt. Der Abteilungsleiter Herr K.V. konnte unseren Abteilungsleiter nicht ausstehen und forderte mich an, die Laboreinrichtungen dem Vergabegremium vorzustellen. Wir erhielten den Auftrag und Herr K.V. fuhr mit mir von Frankfurt nach Ettlingen und nicht wie unser Abtleiter wollte, zu ihm nach Rastatt. Das hatte für den Frankfurter Abteilungsleiter, unangenehme Folgen.

Wir saßen bei uns im Wohnzimmer an der Bar und machten Ablaufpläne für die Abwicklung des Auftrages. Eine Geschäftsstelle in Hessen fehlte, die wir aber bei Vergabe als vorhanden bestätigten. Es gab zwar eine Filiale, aber das war relativ einfach umzugestalten. An alles hatten wie gedacht, nur nicht an die Dummheit unseres Abteilungsleiter. Der rief dem Herrn K.V.s. Frau an und fragte, wo ihr Mann abgeblieben sei, denn er war ja mit ihm verabredet, was nicht stimmte. Wir ahnten noch nicht, was daraus werden würde. Herr K.V. übernachtete bei uns, zu vorgerückter Stunde. Am nächsten Morgen am Kaffeetisch rief seine Frau per Handy K.V an und spuckte Gift und Galle:>> Wo hast du dich wieder rumgetrieben, ich hab diese Nase voll von dir usw <<. Na dachte ich, der hat wohl etwas zu verbergen. Es ging mich zwar nichts an und dennoch bat mich Herr K.V. sein Alibi zu bestätigen, seine Frau nahm es mir nicht ab.

Mit der neuen Führung in meiner Firma wurde auch die Produktpalette metallurgisch geändert. Meiner Meinung nach aber nicht verkaufsförderlich. Eine Gehalsterhöhung für meinen praxisbezogenen Sachverstand folgte. Die Fertigung von Bademöbel aus kunststoffbeschichtetem Stahlblech und emaillierten Edelstahlspülen brachten das Unternehmen in Absatzschwierigkeiten.

Ich dachte was soll das und habe gekündigt.

Mein neuer Arbeitgeber war ein Ing. Büro mit 120 Mitarbeitern. Als Techniker für Strahlpumpen wickelte ich in der neuen Firma die Fertigung dieser Artikel ab. Es war für mich ein weiterer Schritt nach vorn. Ich erfuhr nach ca. 2 Jahren, dass die Firma in der ich vorher war, geschlossen wurde.

Für die Kinder schafften wir uns einen grauen Perserkater an. Wir nannten ihn Stani. Er war der besten Seelentröster für meine Kinder, denn bei Ärger in der Schule oder schlechte Noten, war Stani gefragt.

Ein Höhepunkt der Gemeinschaft Kater und Kinder fand bei folgendem Ereignis statt. Stani wurde wie eine Puppe angezogen und mit einem Wollmützchen eingepackt. Nicht genug, den Kater verfrachtete man dann in den Kinderwagen und ohne das er sich wehrte und wurde dann spazieren gefahren.

Meine Kinder waren morgens immer etwas lebhaft, aber an diesem Sonntagmorgen war es verdächtig still. Der Grund für diese Ruhe waren die Ereignisse in der Küche. Meine Frau hatte fürs Wochenende fünf Rinderfilets gekauft. Die Situation die ich in der Küche vorfand war folgende: Holger war dabei unsere Rinderfilets in kleine Stücke zu schneiden

und Claudia und Marion fütterten Stani mit voller Hingabe. Ein Stück Rinderfilet konnte ich noch retten. Zu dieser Zeit machte ich eine Ausbildung für den Polizeidienst und wurde danach als Hilfspolizist vereidigt. Darüber später ausführlicher.

Der Durchbruch und die Karriere.

Es begann mit einem Telefonanruf aus Frankfurt. Der Geschäftsführer Dipl. Ing. Ca. suchte eine Herstellerfirma für Strahlpumpen für einen ganz bestimmten Einsatz bei der Feuerwehr. Ich stimmte einem Termin in unserem Hause zu. So lernten wir den charismatischen Herrn Ca. kennen. Er überzeugte uns, dass nach seiner Idee die Löschwasserpumpe vom Löschfahrzeug der Feuerwehr nicht nur zum Verspritzen von Wasser sondern auch für andere Zwecke verwendet werden kann. Das erzeugte Vakuum, mittels der Löschwasserpumpe und der Wasserstrahlpumpe, ermöglichte einen Absaugung aller Stoffe wie Wasser, Öl, Schlamm sogar Benzin und Kerosin und Feststoffe.

Es wurde schwärmerisch von hohen Stückzahlen gesprochen. Die Formel war, Anzahl der Feuerwehren mal mindestens eine Absauganlage. Der Name Hydrovac war mein Vorschlag. Der Name und die Bezeichnung der Anlage stand fest, nun musste ich die Strahlpumpe nach der Bernoulli'schen-Formel berechnen.
Es war ein aufregendes Projekt, Herr Ca stellte die notwendigen Zusatz-Komponenten bereit, ein handelsübliches Ölfass, ein Stabilisierungsring damit das Fass nicht implodierte. Der Zyklon Deckel wurde als Zentrifuge auf das Ölfass montiert das als Auffangbehälter benutzt wurde.

Herr Ca organisierte eine Demo in Frankfurt bei der Berufsfeuerwehr, ich hielt den technischen Vortrag vor 35 Feuerwehrmännern. Es war ein Erfolg, wir waren auf dem richtigen Weg, denn es folgten weitere Demos in Solingen in München und in Neustadt an der Saale. Die Zeitungen wie etwa Bild hatten uns mit Einsatzbildern präsentiert. In Neustadt war sogar das Fernsehen dabei. Unsere Vorführung wurde im Fernsehen übertragen und das Ing. Büro beglückwünschte mich für die PR-Arbeit und meinen

Einsatz. Meine Ehe litt unter dem Eifer den ich an den Tag legte, denn es gab nur noch Demo-Hydrovac.
Ein technisches Problem war jedoch noch zu lösen. Um den Zyklon Deckel auf ein weiteres leeres Fass zu setzen, musste das Vakuum im vollgelaufenen Ölfass, manuell gebrochen werden.
Zu dieser Zeit war ich am Wochenende als Hilfspolizist in der A-Schicht eingeteilt. Darüber später mehr. Die Dienstzeit war von 18:00 bis 7:00 und ich hatte viel Zeit zum Nachdenken wie man dieses Vakuumproblem automatisch entlüften kann. Ich fand die Lösung.

Als Werkzeugmacher konnte ich an der Drehbank arbeiten. Ich fertigte meine Idee, ein Mehrstufenventil, nach meinen Fertigungszeichnungen und Berechnungen. Ich benutze die Auftriebskraft des Schwimmers im Auffangfass für den Öffnungsmechanismus.
Der erste Einsatz des Mehrstufenventils war erfolgreich. Es gab sogar einen unerwarteten Nebeneffekt. Das Ventil erzeugte einen Pfeifton durch die einströmende Luft, somit konnte der Feuerwehrmann hören, wann das volle Fass gewechselt werden musste.
Meine Erfindung wurde zum Patent angemeldet. Ich konnte mich in die Reihen der Erfinder einfügen. Mit mir ging es beruflich aufwärts, meine Ehe dagegen ging abwärts, davon später.

Die ersten Versuche bei der freiwilligen Feuerwehr in Linkenheim waren erfolgversprechend.
Die Vorführung verlief planmäßig, denn wir hatten Routine in der Handhabung und der Brandmeister versprach uns, eine Hydrovacanlage zu bestellen, das musste gefeiert werden. Also hoch die Tassen im Feuerwehrhaus. Man trank den damals üblichen Apfelkorn. Es wurde kräftig auf den ersten Auftrag angestoßen.
Gegen 18 suchte mein Auto den Heimweg und wurde fündig.

Ich legte mich aufs Sofa, denn ich hatte genug. Plötzlich stürmte meine Frau ins Wohnzimmer und riss mich aus dem Schlaf: >> Die Feuerwehr ist am Apparat << sagte sie ganz aufgeregt. Ich wusste überhaupt nicht was da lief und sammelte meine Gedanken zusammen.
Der Brandmeister von der Vorführung aus Linkenheim war am Telefon, denn in dieser Nacht brach in der Nähe von Karlsruhe ein Großbrand in einer Möbelfabrik aus. Der Feuerwehr-Kommandant aus Linkenheim erinnerte sich an unsere Vorführung und forderte die Hydrovac-Anlage an, denn er wusste, dass ich diese Anlage in meinem Kofferraum hatte und so bat er mich unverzüglich mit dem Hydrovac zur Brandstelle zu kommen.

Dieser Großbrand war etwa 15 km von meiner Wohnung entfernt.

Der Apfelkorn saß noch tief in meinem Gehirn, aber ich riss mich zusammen, schnappte den Autoschlüssel und fuhr los. Alles lief ohne Vorkommnisse ab bis 100 Meter vor dem Ortseingangsschild.
Dort standen zwei Polizeiautos. Mein Lappen (Führerschein) war in höchster Gefahr. Mir fuhr es in die Magengrube und in meinem Kopf war nur ein Gedanke: Wenn die dich jetzt kontrollieren, ist mein Führerschein weg, Ich bremste automatisch ab, was meine Situation nicht verbesserte, sondern die Polizei vermutlich auf den Gedanken bringen konnte, aha da stimmt was nicht.
Das Blaulicht wurde eingeschaltet. Führerschein ade dachte ich. Mutig fuhr ich weiter. Plötzliche fuhren die beiden Polizeiwagen mit Blaulicht an und schalteten die Anzeige bitte folgen ein. Der Schriftzug blinkte rot mir wurde fast schwarz vor Augen. Ich rechnete mit dem Schlimmsten.
Führerschein weg Arbeitsplatz weg, Geldstrafe und Führerschein mindestens ein Jahr in Urlaub. Doch dann kam mir der Gedanke: Die warten auf mich, oder doch nicht?

Mir blieb sowieso keine Wahl. Ich folgte der Polizei und merkte, dass die Fahrt in Richtung Brandherd führte. Es kam Hoffnung auf. Die Polizeiwagen hielten an, ich auch. Ein Polizist stieg aus und kam auf mich zu. Die alten Gedanken kamen wieder hoch. Ich ließ die Scheibe der Fahrertür herunter und harrte auf die Dinge, die jetzt folgten. >> Sind sie Herr Brisach <<, fragte mich der Polizist. Ich konnte nur :>>ja <<krächzen, :>> gut << sagte er :>> fahren sie auf dieser Straße ca. 200 Meter weiter, dort sehen sie die Feuerwehrautos der Brandmeister wartet schon sehnsüchtig auf sie <<.

Man hätte es poltern hören müssen, als mir der Stein vom Herzen fiel. Jetzt ging alles sehr schnell. Die Feuerwehrleute holten das Hydrovac-System aus meinem Kofferraum. Ich gab ein paar Anweisungen bezüglich der Montage und des Wasserdrucks für die Löschwasserpumpe am Tankfahrzeug. Endlich war das Gerät einsatzfähig. Die Tauchwasserpumpen der Feuerwehr hatten ihre Funktion, Wasser abzusaugen, nicht erfüllt. Der Hydrovac saugte wie ein Staubsauger das ca. 10 cm hohe Löschwasser vom dem Lagerhallenboden ab. Somit konnte der Wasserschaden minimiert werden. Denn es konnte kein Wasser ins Möbelholz eindringen. Es war eine bewegte Nacht bis gegen 6 Uhr. Dann gab es heiße Wiener und Brötchen und Bier.

Dieser Einsatz des Hydrovac-Systems brachte den absoluten Durchbruch.

Namhafte Zeitungen von Baden-Württemberg berichteten über meine Firma ich wurde namentlich erwähnt. Der Durchbruch war geschafft. Wir wurden in Funk und Fernsehen kommentiert. Meine Firma wurde informiert und das Wichtigste war, dass dieser praktische Einsatz meines Systems am Folgetag ausführlich auch in allen Überregionalzeitungen stand und zwar mit Bildern und Namen. Mein Name und mich kannten jetzt viele im Umkreis.

Der einzig klare Wunsch an mein Unterbewusstsein ging in Erfüllung. Als Waisenkind eines Arbeiters und nun war ich Patentinhaber.

Mit diesem beruflichen Schwung meldete ich mich an der Uni in Karlsruhe an, wo es einen VWA-Hochschul-Studium-Zugang für Menschen gab, die eine beruflich außergewöhnliche Leistung, vorweisen konnten. Bei mir traf dies zu.

Das Studium ging dreieinhalb Jahre, also dreimal die Woche und Samstags. Es war ein begehrtes Studium, da es praxisbezogen und berufsbegleitend war.

Zum Studiengang haben sich 156 Personen eingeschrieben. Der Herz-Hörsaal in Karlsruhe war der größte Hörsaal und fast bis auf den letzten Platz besetzt.

Nach dem ersten Semester, lichtete sich die Anzahl. Es bildeten sich einige Interessengruppen aus drei bis vier Studenten. Diese waren sehr produktiv, denn man ging auch nach der Vorlesung gerne ins Studentenstammlokal. Bei ein paar Bier kam immer Stimmung auf und die Heimfahrt mit dem PKW wurde auf die leichte Schulter genommen. Es war mal wieder soweit, ein paar Bier und dann nichts wie nach Hause.

Beim Karlsruher Ortsausgang standen sie. Das Blaulicht rotierte und mir wurde angst und bang. Jetzt cool bleiben, dachte ich. Schnell eine Zigarette angezündet und dann tief Luft holen das war die Devise:

>> Allgemeine Fahrzeugkontrolle Fahrzeugpapiere und den Führerschein bitte <<, sprach mich der Polizeibeamte an. Mein Herz klopfte bis zum Hals. Er sichtete meine Papiere

und sah mich prüfend an. Jetzt ist es vorbei, dachte ich. Der Polizist räusperte sich und sagte: >> Nun mal langsam nachhause fahren<<. Ich war von den Socken. Hat er was gemerkt oder nicht ? Vor lauter Schreck hatte ich nicht bemerkt, dass mir die Bankkarte aus der Hülle auf die Straße gefallen war. Den Verlust bemerkte ich erst, als ein Polizeibeamter mich zuhause anrief und mich fragte, ob ich nichts vermissen würde. Ich war sehr verdutzt, als er mir sagte, dass ich meine Bankkarte bei der Verkehrs-Kontrolle verloren hatte.

Der Abschluss und die Diplomverleihung fand in einem großen Rahmen im Rathaussaal in Karlsruhe statt. Dr.h.c. Ernst Benda Präsident des Bundesverfassungsgerichts, übergab persönlich die Diplomurkunde. Die Presse war dabei und wir wurden mit Foto und Berichterstattung in den Badischen-Neusten Nachrichten publiziert.

Das Examen als Betriebswirt-VWA, war ein weiterer Schritt zum beruflichen Erfolg. Ich hatte jetzt die gewünschte Qualifikation für die Karriereplattform, trotz allen Hindernissen und Demütigungen, die Karriere verlangte sein Opfer.

Als Werkzeugmacher beruflich gestartet und kaufmännisch geschult, als Techniker mit Fähigkeiten zur PR und Verkauf, sowie Patentinhaber, dass konnte mir nicht mehr weggenommen werden.

Der Firmeninhaber vom Ing.Büro bestellte mich ins sein Büro und sagte: >> Ein Betriebswirt ohne EDV-Kenntnisse ist nur die halbe Miete, sie machen eine 4 wöchige Fortbildung in Frankfurt bei Controll-Data und dann zwei Wochen bei HP in Böblingen <<.

Die Zeit in Frankfurt war öde und langweilig. Die Besuche in Sachsenhausen waren jedoch jedes Mal interessant.

In Böblingen waren die Abende sehr bierintensiv und mit den Bekanntschaften klappte es ebenfalls. So lernte ich Bärbel kennen. Sie war in meinem Alter und bot mir an, das Auto Ihres Mannes nach Hause zu fahren. Ich dachte gute Anmache und willigte ein. Es war ein 280 Daimlerbenz S-Klasse. Nun gut, es war Winter und die Schneehaufen am Straßenrand waren einen halben Meter hoch. Sie dirigierte mich durch Böblingen. Bei einer Anhöhe musste ich scharf rechts in die Einfahrt abbiegen, doch die Garageneinfahrt war ebenfalls mit einem Schneehügel versperrt.

Es war zu spät, ich fuhr mit Karacho über den Schneehügel und kam zum Stehen. Wir stiegen aus und ich sah die Bescherung. Das Fahrzeug war wie eine Wippe. Der Schneehügel war unter dem Bodenblech und der PKW saß voll auf. Die Vorderräder und Hinterräder hatten keine Bodenberührung mehr.

Ihr war das egal, die Villa war super eingerichtet. Wir machten es uns auf dem Perserteppich gemütlich, das Liebesspiel begann.

Ich war froh, dass die Lehrgänge zu Ende waren und stürzte mich, als EDV-Fachmann, im Ing.Büro. ins Berufsleben.

Die Polizei dein Freund und Helfer.

Da ich in meinem Studium unter Anderem auch Rechtswissenschaft hatte, wollte ich noch Polizeirecht kennenlernen. Bevor ich jedoch in den Polizeidienst aufgenommen werden konnte, musste ich nebenberuflich eine Ausbildung im Polizeirecht und Erste Hilfe, absolvieren. Danach wurden wir feierlich im Rathaussaal vereidigt. Per Post erhielt ich den Dienstplan und wurde einem Revier zugewiesen.

Mein erster Dienstantritt als Hilfspolizist in der A-Schicht war ein Freitag um 18 Uhr im Polizeirevier. Von der Kleiderkammer wurden mir eine Polizeimütze, ein grüner Stoffmantel mit Polizeiwappen, zwei Jacken und Hosen mit Polizeiwappen sowie Lederhandschuhe und Lederkoppel ausgehändigt. Auf dem Revier folgten weitere Ausrüstungsgegenstände als da waren: Notizbuch, Schlagstock, Knebelkette, Handschellen und eine Pistole mit vollem sechs Schuss Magazin. Ich harrte der Dinge die nun folgten.

Das Polizeigebäude, war ein altes Sandsteinhaus. Sieben Stufen führten zu dem Eingangsportal. Doppeltüren sicherten den Eingang ab. Die Rollläden waren aus Sicherheitsgründen immer herunter gelassen. Es brannte Tag und Nacht das Licht. Ein Stehpult und Zusatzpendeltüren, sicherten den Empfangsraum noch mal ab. Dann folgte ein großer Raum mit einigen Schreibtischen.
Das Kaffee Viereck (Ausnüchterungszelle) war im hinteren Bereich. Alles war etwas düster und von einer spannungsgeladenen Atmosphäre mit gereizter Stimmung.

Bevor ich richtig eingewiesen wurde, kam schon mein erster Einsatz. Wir meldeten uns in der Zentrale per Funk an und fuhren zum Unfallort.
Was auf mich zukam konnte ich nicht wissen.

Am Unfallort angekommen, stand eine neugierige, schaulustige Menschenmenge um den Unfallort herum, die wir erst zum Platzmachen bewegen mussten. Dann sah ich erst das Ausmaß des Unfalls. Auf den Straßenbahnschienen und im Umkreis von 5 Meter lagen die abgetrennten Körperteile von einer älteren Frau. Sie war von der Straßenbahn überrollt worden. Mein Magen begann sich umzudrehen. Ich schluckte mehrmals und schaffte es, dass ich mich nicht übergeben musste. Mein Kollege hinter mir murmelte:>> Wir warten bis der Leichenwagen kommt<<". Ich holte Wolldecken aus dem Streifenwagen und deckte die Körperteile zu.
Die Neugierigen Menschen schoben mich fast auf die Tote so dass ich energische um Rücksicht bat. Diese Arbeit und Maßnahme die Menschen zurückzudrängen lenkte mich davon ab, auf die Leichenteile zu starren. Ich dachte mir, da hab ich mir aber einen Job ausgesucht! Sollte das meine zukünftige nebenberufliche Arbeit sein ? Er war sie, etwa drei Jahre lang. Es folgten weitere aufregende Ereignisse.

Bei einem Streit in einem uns bekannten Altstadt-Lokal, hatte ein Gast eine drohende Haltung angenommen und stand wie ein Karatekämpfer vor meinem Kollegen. Ich hielt mich etwas zurück und beobachtete die anderen Gäste aus dem immer wichtigen Sicherheitsabstand heraus.
Plötzlich riss sich mein Kollege die Polizeimütze vom Kopf und warf sie mit der linken Hand in die linke Ecke an dem renitenten Gast vorbei. Dabei zog er gleichzeitig mit der rechten Hand seinen verdeckten Gummiknüppel heraus.
Der Karatekämpfer war kurz abgelenkt, denn er schaute nach der Polizeimütze. Das hatte gereicht, der Gummiknüppel sauste blitzschnell auf den Kopf des Karatekämpfers. Der Karatekämpfer fiel wie ein nasser Sack um. Die Anerkennung der Schaulustigen war auf unserer Seite.

Ein Einsatz wegen Vergewaltigung im Wäldchen, schreckte uns im Revier beim Berichte schreiben, auf.

Mit Blaulicht fuhren wir an. Es bot sich schon aus weiter Ferne ein Bild des Schreckens, an. Eine junge Frau lag neben einer Parkbank mit herunter gezogenem Schlüpfer regungslos auf dem Rücken. Wir alarmierten den Krankenwagen und gingen zum Tatort. Mein Kollege kniete neben der Frau nieder und wollte ihren Puls fühlen. Da drehte er sich abrupt zu mir um und sagte:>> Die stinkt ja nach Alkohol wie eine Schnapsdrossel <<. Die Situation war schnell auf geklärt. Die Frau war beim Pinkeln rückwärts umgefallen und eingeschlafen. Toller Einsatz, tolles Vorkommnis und grinsende Polizisten.

Wir wurden zu einem Spezialeinsatz gerufen. Erst während der Fahrt erfuhr ich, um was es ging. Massenfestnahmen von Gammlern und Personen ohne Wohnsitz. Ich war gespannt wie diese Aktion ablaufen sollte. Die vier Hundeführer mit ihren Schäferhunden gingen vor uns her. Ich fragte nach was jetzt passieren sollte, denn wir standen vor dem Eingang eines Neubaus der mal ein Einkaufszentrum werden sollte. Ein Kollege klärte mich auf. Die Hunde riechen die Personen aus 20 Meter, das schützt uns vor Übergriffen. Meine Aufgabe war es, die aufgescheuchten Gestalten, mit meiner MP in Schach zu halten. Man stelle sich vor, ich allein, eine MP im Anschlag, die ich auf die kleine Schar von 10 Personen gerichtet. Dies sollte zur Abschreckung der Personen ausreichen. Mein Gefühl sagte mir etwas anderes. Mir war überhaupt nicht wohl dabei.
Wie sollte ich mich verhalten, wenn die Bande gemeinsam auf mich zuging. Wer hatte nun Schiss, die oder ich ?
Wahrscheinlich beide. Als die Kollegen mit der Durchsuchung fertig waren, fiel mir ein Stein vom Herzen. Ich ließ mir aber nichts anmerken.

Dann kam die Zeit der Terror-Gruppe.

Bei einer Fahrzeugkontrolle spitzte sich die Lage zu. Wir waren in Zivil und stoppten ein verdächtiges Fahrzeug. Die Insassen griffen nach ihren Waffen und meine Kollegen wussten nicht mehr, wer war Freund oder Feind ? Die Situation war angespannt, bis die Insassen im PKW ihre Polizeiausweise vorzeigten und wir ebenfalls uns ausweisen konnten.

Durch die Gefahr und die Ungewissheit der T-Gruppen-Aktionen konnte meine Frau nicht mehr richtig schlafen, wenn ich Nachtdienst hatte.
Meine Ehe war mir wichtiger! Ich organisierte noch eine Revierfete in der Jugendherberge und sorgte für das Essen, Trinken und die Konservenmusik, danach quittierte ich den Polizeidienst.
Ich war eine brauchbare Erfahrung reicher und nutzte Im Polizeidienst die Wartezeiten zwischen den Einsätzen, um mein Patent in der Vakuumtechnik für das Hydrovac-System auszuknobeln.
In München wurde mein Patent vom Ing. Büro erfolgreich angemeldet.

Nach der Anstrengung des nebenberuflichen Studiums und dem viertägigen Examens, buchten wir Ferien auf dem Bauernhof. Das war unser Wunsch und wir suchten nach einem Ort um mich und meine Familie zu entspannen. In Oberösterreich Nähe Salzburg buchten wir in St.Johann am Walde drei Wochen Urlaub auf dem Bauernhof.
Der Ort oder besser die kleine Siedlung (ca. 20 Häuser) lag 10 km von Mattighofen entfernt und war schwer zu finden. Es war Hochsommer.

Die Familie die die Ferienwohnung vermietete, hatte vier Kinder, zwei selben Alter wie meine Töchter und einen älteren Sohn nebst Schwestern.

Unsere Unterkunft war ein bewirtschafteter Bauernhof mit vier Kühen und einem Hund. Im Winter betrieb die Familie Rid einen Skilift.

Es gab reichhaltiges Frühstück auf der Terrasse vom Skiliftlokal. Das Hauptgebäude mit Gaststätte war 4 km im kleinen Ort an der Hauptstraße. Dort gab es Abendessen nach österreichischer Art.

Alle waren sehr nett. Frau Rid war beleibt und nahm es mit den Essenszeiten nicht so genau, aber sie kochte herzhaft und gut. Der älteste Sohn Josef war öfters in unserer Runde. Wir verbrachten erholsame Ferien mit einem Ausflug nach Salzburg in die Getreidegasse und gingen zum Ausklang abends in der Nähe zur Whiskymühle zum Tanzen.

Wie üblich wurde auf dem Bauernhof geschlachtet. Gegen 6 Uhr morgens begann das Ritual. Meine Kinder mussten unbedingt dabei sein.

Die Sau wurde am Strick auf den Hof gezerrt. Alles stand bereit. Die Schüssel zum Blutrühren sowie der Metzger mit der Axt in der Hand.

Ich wollte noch meine Kinder von der Schlachterei weg holen, aber es war zu spät. Der Metzger holte aus und die Axt sauste mit der stumpfen Seite auf den Kopf der Sau. Meinen Kindern war nichts anzumerken, auch nicht den Kindern von Frau Rid. Die kannten diese Prozedur schon.
Ich war erstaunt, dass meine Kinder, bis auf Claudia, keine Reaktion zeigten. Sie drehte sich um und hielt sich die Augen zu.

Der Schlag mit der Axt verfehlte seine Wirkung und die Sau quietschte lautstark. Also zweiter Versuch mit der Axt.
Aber vorher nahm man noch einen kräftigen Schluck als Zielwasser aus der Schnapsflasche. Dass war bestimmt nicht der erste und auch nicht der letzte Schluck, wie sich herausstellte.

Der Schlag saß. Der Metzger nahm sein Messer und stach der Sau in die Kehle. Das Blut floss in die bereitgestellte Schüssel.

Ich traute meinen Augen nicht, denn Claudia nahm den Holzlöffel und rührte Blut. Danach kippte der Metzger kochendes Wasser über die Sau und begann die Borsten abzurasieren. Holger hielt mit den Fingern seine Nase zu. Was für ein Geruch ! Das war ein Schauspiel der besonderen Art.

Der 14 jährige Sohn von Frau Rid setzte sich plötzlich auf den Traktor der im Wege stand und fuhr mit dem Traktor zum Hauptlokal. Niemand untersagte ihm die Fahrt. Meine Frau und ich waren sprachlos.

Die Trennung war herzlich und wir versprachen im Winter zum Skifahren zu kommen.

Am ersten Weihnachtfeiertag fuhren wir los. Meine Frau Claudia, Marion und Holger. Unser Perserkater Stani war auch mit von der Partie. Mein Renault R16 hatte Frontantrieb, was aber bei der Steigung nach St. Johann im Schnee doch nicht ausreichte. Wir blieben am Berg stecken. Es war eine beschwerliche Montage der Schneeketten, aber alles klappte dann. Wir kamen in der Dunkelheit an und waren hundemüde.

Drei uns bekannte Ehepaare kamen auch nach St.Johann zum Skifahren. Es war eine lustige Gesellschaft und wir hatten viel Spaß.

An den Abenden wurde in der Küche des Bauernhofes Skat gespielt.

Josef war mit der Ausbildung als Skilehrer beschäftigt und musste früh morgens nach Salzburg und kam abends spät zurück. Dies hielt ihn aber nicht vom Biertrinken und Skatspielen, ab. Bis auf den Abend an dem er beim Skatspielen während des Spiels mit den Karten in der Hand am Tisch einschlief.

Horst, unser angeblich bester Skifahrer, machte sich wichtig beim Einstellen der Skibindungen. Claudia und Marion vertrauten auf sein Wissen. Die Bindungen wurden fachmännisch eingerichtet. Josef machte mit Erfolg für uns den Skilehrer. Als wir den Pflug und die Rechtslinkswende beherrschten fuhr jeder für sich mit schlimmen Folgen. Meine Tochter Claudia fuhr im Schuss den Abhang hinunter und wollte einem Bretterzaun ausweichen. Da passierte es.

Die fachmännisch eingestellte Skibindung war wohl nicht so gut eingestellt, sie stürzte und die Bindung ging nicht auf. Ihr rechtes Knie wurde schmerzhaft verdreht und wir mussten ins Krankenhaus nach Mattighofen fahren. Wir konnten sie aber wieder mit zurücknehmen. Vorher bekam Claudia einen Gehgips bis zum Oberschenkel verpasst. Aus war es mit dem Skifahren, dafür bediente sie im Lokal hinter der Theke, super.

Marion ereilte das gleiche Unglück eine Tag später. Es war das linke Knie. Sie musste 4 Tage im Krankenhaus bleiben erst dann konnte der Gehgips angelegt werden. Ein toller Anblick. Zwei Gipsbeine rechts und links. Ein Trost war geblieben, denn auf der Heimfahrt konnten sie sich auf der Rückbank gegenüber hinsetzen.

Wir lernten bei diesem Skiurlaub Freddy und Sylvia kennen. Diese Bekanntschaft, prägte uns. Ein Jahr später fuhren wir mit dem DB-200 Diesel nach St. Johann um wieder Sommerferien zu machen. Dort trafen wir uns mit Freddy und seiner Frau Sylvia. Es war nur für eine Woche. Aber in dieser Woche stellte das Schicksal seine Weichen. Josef und Siggi waren immer öfters zusammen und ich bemerkte die Entwicklung nicht, sondern ging mit Freddy zur Disco in die Whiskey-Mühle.

Ganz schön beschwipst fuhren wir nach Hause, als Freddy 100 m entfernt eine Polizeikontrolle entdeckte. Was nun ? Wir hatten beide einen sitzen. Aber Freddy wusste in jeder Lage was zu tun war.

Er sagte zu mir:>> Mach die Innenbeleuchtung im Wagen aus<<. Ich wusste nicht was er vorhatte :>> Komm auf den Rücksitz wie ich und lass mich mit der Polizei reden<<, dabei öffnete er die Fahrertür und ließ sie offen. Kurz darauf stand ein Polizeibeamter an der Fahrertür und fragte: >>Wo ist der Fahrzeuglenker ? << Wir zuckten beide mit den Schultern und Freddy sagte: >> Das wissen wir auch nicht, der hat plötzlich gebremst, riss die Autotür auf und verschwand. Der Polizist war ratlos. Wir gaben unsere Personalien an. Ich bestätigte ihm, dass ich der Halter des Fahrzeugs bin und fragte nach Rat. Das Auto wurde verschlossen und ich konnte die Fahrzeugschlüssel am nächsten Tag auf dem Polizeirevier abholen.

Wie wir Freddy versprochen hatte, besuchten wir in ein Jahr darauf im Sommer ihn in Adnet (Oberösterreich) und zwar die ganze Familie und unser Perserkater Stani.

Dass unser Kater neugierig war, wussten wir. Als er aber drei Nächte spurlos verschwunden war, bescherte dies den Kindern schlaflose Nächte. Auch wir machten uns Sorgen. Freddy war locker und meinte:>> Der kommt bestimmt wieder <<. Er behielt recht zur Freude von uns allen. Der

Ausflug hatte Stani sehr gezeichnet. Sein Fell war voll Blätter und schmutziger Erde. Wo war der überall gewesen? Doch Hauptsache er war wieder bei uns. Die Kinder kämmten und pflegten ihn. Josef besuchte uns in Adnet mit seinem weißen Mercedes, den er mir vor einem halben Jahr abgekauft hatte.

Denn Josef war damals an meinem DB-200-Diesel sehr interessiert. Als er dann von seiner Tante den Kaufpreis erhielt, wechselte das Auto seinen Besitzer.

Ich kaufte mir einen DB-230 Serie /8 in beigefarbig,.

Der läufige Josef war 15 Jahre jünger als meine Frau und wich nicht mehr von ihrer Seite. Ich dachte mir nichts dabei, denn meine Frau war 31 Jahre. Der Altersunterschied beruhigte mich. Mir fiel jedoch auf, dass ich nicht mehr das Verständnis von Sigi, bez. Müdigkeit bei der langen anstrengender Fahrt von Karlsruhe nach Adnet, bekam. Sie hatte nur Augen für Josef.

Freddy klärte mich auf. Ich schaute mir die Urlaubsbilder vom letzten Skiurlaub genauer an und mir fiel es, wie Schuppen aus den Haaren. Die beiden waren im Winter schon zusammen.

Eine Welt brach in mir zusammen. Ich habe im Entferntesten nicht daran gedacht, dass Josef meiner Frau hörig war.

Zu Hause angekommen, ging der Herzschmerz weiter. Denn als ich von einer Geschäftsreise nach Hause kam, sah ich ein Auto mit österreichischem Kennzeichen auf meinem Parkplatz stehen.

Im Wohnzimmer saß Josef. Ich war sprachlos und versuchte mich zu beherrschen. Bevor ich etwas sagen konnte, hörte ich Josef sagen: >>Ich liebe deine Frau und wir werden heiraten<<. Da fehlten mir die Worte. Ich weiß heute noch nicht genau wo ich hinging und was ich tat. Gegen morgen bin ich wieder nach Hause gegangen. Josef war weg. Es kam wie ein Donnerschlag, als ich von Siggi erfahren musste, dass Josef sich ein Zimmer in Karlsruhe gemietet hatte und Siggi bei ihm schlafen wollte. Sie ging abends gegen acht Uhr und kam, morgens gegen sieben Uhr wieder in die Wohnung. Das war für mich zu viel.

Mir blieb nichts anderes übrig, als nach einer kleinen Wohnung zu suchen.

Es gab keine Aussprache zwischen Siggi und mir, es war für mich alles gesagt und geschehen.

Ich fand eine kleine Wohnung in Karlsruhe in der Gartenstraße und verließ Siggi. Da ich einen Dienstwagen hatte, ließ ich mein Auto bei ihr stehen.

Was mich am meisten schmerzte war, dass ich meine Kinder auf dem Weg zu meinem Büro mit dem Fahrrad vor mir herfahren sah und konnte nicht einmal an halten und rufen. Wir trennten uns endgültig 1979. Claudia war 13 Jahre Marion, 12 Jahre und Holger 8 Jahre alt.

Ich wollte nur weg. Eine ruhelose wilde Zeit begann.

Die wilden Jahre nach der Trennung.

Meine Wohnung war klein, wie ich schon berichtet hatte eine Dusche, eine Anbauküche als Wandzeile, ein Wohn-Schlafzimmer, das war alles. Die Wohnung lag im Hinterhof in einer sehr ruhigen Lage.
In der Nähe war das Lokal Domizil. Es wurde mein Stammlokal. Dort trafen sich die Lichtscheuen und die Defraudanten, auch ab und zu Normalos wie ich.
Das Lokal war klein aber mit einer langen Theke. Die Einrichtung Standard, also Kneipencharakter.

Von meinen EDV-Schulungen hatte ich eine ovale Plakette, wie das D Landes-Zeichen für den PKW von der Firma Controll-Data Institut am Ende des EDV-Kurses erhalten. Auf der Aufklebeplakette stand wie bei der Diplomaten Plakette C i D. Das i war so klein, dass man es überlesen konnte. Mein Mercedes 230 war passend zum C D Zeichen.

Der erste Einsatz der C i D Plakette.

Im Domizil war ich wieder mal versackt. Mein Auto stand in der Nähe des Lokals und ich entschloss mich, den Heimweg zu Fuß zurück zu legen. Als ich am nächsten Tag gegen 12 Uhr erwachte, wusste ich nicht gleich wo ich mein Auto geparkt hatte. Nach einer kalten Dusche und einer Tasse Kaffee vom Vortag fiel es mir wieder ein, dass Auto steht bestimmt mitten auf dem Wochenmarkt. Ich düste los und so war es. Die Marktweiber und die Männer ranzten mich an: >>Die Diplomaten können sich ja alles erlauben, uns hätten sie bestimmt schon abgeschleppt<<. Ich stammelte eine Entschuldigung und sah zu, dass ich schnellstens mein Auto wegfahren konnte. Sie hatten mir eine Lücke zum Wegfahren gelassen. Ich dachte, das ging ja noch mal gut.
Was mir aber fast den Verstand raubte, war die Bekanntschaft mit zwei Pärchen, die mich zu sich nach Hause eingeladen hatten. Als wir in ihrer Wohnung ankamen,

war dort eine wilde Partie im Gange. Man reichte mir undefinierbare Getränke. Ich war sehr rasch knülle, was sonst nicht der Fall war. Mit Taxi fuhr ich nach Hause. Den Fahrpreis habe ich nicht registriert. Den Weg ins Bett ebenfalls nicht.
Als ich erwachte, war ich sehr verwundert über mein Blickfeld. Ich dachte, das wird schon weggehen und stieg ins Auto. Mit jeder Minute, die ich fuhr, verzerrten sich die Bilder und Dimensionen. Einmal war die Gegend breit und niedrig, dann wieder schmal und hoch. Ich hatte große Mühe, mein Auto durch die ständig sich ändernde Perspektive zu lenken. Ich parkte in der nächsten Parklücke.
Beim Gehen war die Wirkung noch schlimmer. Ich war in einer irren Umgebung gefangen. Was war mit mir passiert ? Ich habe es nie erfahren, kam aber schwankend nach Hause.

In der Alpenrose war immer Treffen der einsamen Herzen, da war ich genau richtig. Ein Nebenmann an der Bar sagte zum mir :>>Du bist neu hier<< Ich fragte:>> merkt man das<<. :>>Klar << sagte er, du kommst zu spät, um diese Zeit ist meistens das Beste vergeben. Du musst kommen, wenn das Lokal öffnet, dann kannst du dir ein besseres Bild machen wer wie und mit wem, ins Lokal kommt<<.
Ich befolgte seinen Rat fürs nächste Wochenende. Sie hieß Helga, war ein Kopf kleiner als ich und konnte gut tanzen. Am ersten Abend war nicht viel zu reißen. Sie musste noch nach Pforzheim fahren und wollte keine Zeit verlieren. Das zweite Treffen in der Alpenrose war am Schluss erfolgreicher. Ich kam zum erhofften Sex und sie erzählte mir danach ihre Lebensgeschichte.
Die Guten sind meistens vergeben, stellte ich schnell fest. Sie lebte in Trennung und suchte eine Bleibe. Aber doch nicht bei mir, dachte ich und hatte Mühe, sie wieder zum Wegfahren in Richtung Pforzheim zu bewegen. Die Alpenrose war für mich gestrichen. Aber es gab ja noch andere Lokalitäten gleicher Gesinnung.

Da war das Oberbayern, das Zillertal und der Zigeunerkeller das sollte reichen. Zunächst setzte ich meine Suche im Oberbayern fort. Ein großes tolles Lokal mit vier Mann Kapelle. zwei Bars und mindestens 30 Tischen. Dort lernte ich eine Krankenschwester kennen. Die fackelte nicht lange. Nach dem zweiten engen Tanz, sagte sie zu mir: Hier ist es zu laut, lass uns zu mir gehen. Sie hatte ein Einzimmerapartment in einem Schwesternheim. Es war eine wilde Nacht, wir haben alles ausprobiert. Sie bestellte mir ein Taxi und bezahlte es gleich, welch eine noble Geste. Wir trafen uns danach nicht mehr unterhalb der Gürtellinie.

Im Zillertal hatte ich den dritten Treffer. Sie war Ärztin aus Jugoslawien und 10 Jahre älter als ich. Sie gab sich alle Mühe beim Liebesspiel, so dass es bei mir mehrmals klappte. Ihren Namen hat sie mir nie gesagt.

Das Zillertal war für meine Bedürfnisse ideal. Ich lernte eine Polin kennen. Beim letzten Tanz war für uns alles klar. Sie hatte den Wohnungsschlüssel von der Freundin. Als wir das Lokal verließen, hatte ich leicht Schlagseite. Aber der Trieb war stärker. Zu der Zeit hatte ich einen Alpha-Romeo GTV2000 Sportwagen in Ferrari-Rot. Ich flitzte durch die Straßen und wir kamen fehlerfrei zur genannten Wohnung. Das Liebesspiel begann, aber alles im Dunkeln. Mir war nicht wohl bei der Sache und war froh, als ich wieder in mein Auto stieg.

Im Zillertal bediente eine rassige schwarzhaarige vollbusige Kellnerin die einem italienischen Filmstar sehr ähnlich sah. Diese Frau hatte es mir angetan.

Näheres später über sie und das X-Lokal.

Schmerzhaft war, wie bereits berichtet, die Tatsache, dass ich von Karlsruhe nach Ettlingen zur Arbeit fuhr und dabei des öfteren meine Kinder vor meinem Auto mit dem Fahrrad zur

Schule fahren sah. Ich hätte mich durch Hupen bemerkbar machen können. Brachte es aber nicht fertig. Die Schuldgefühle waren zu groß.

Aus diesem Grund wechselte ich meine Arbeitsstelle nach Pforzheim. Dort war ein schwerhöriger Administrator, der mich einarbeiten sollte. Seine Auffassungen konnte ich nicht teilen und so kündigte ich nach 6 Monaten.

Von Freddy hatte ich ja schon berichtet. Ich wollte in Urlaub fliegen und alles vergessen, aber Freddy sagte: >>Komm zu mir nach Riegersburg in Österreich, ich vertreibe dir deine Sorgen. Ich fuhr mit Claudia und Marion los. Wir waren kaum 50 km gefahren, da wollte Marion wieder nach Hause. Ich drehte um, lieferte Marion bei meiner Frau ab und fuhr dann nur mit Claudia zu Freddy ins Burgenland. Es war ein herrliches Gefühl, denn Freddy war einfach immer gut gelaunt.

Claudia war in Riegersburg gut aufgehoben und wir unternahmen Verkaufsfahrten zu seinen Kunden und hatten viel Spaß. Wo es uns gefiel, ließen wir das Auto am Waldrand stehen, suchten Pfifferlinge und brutzelten Steaks. Österreich ist ein wunderschönes Land.

In diesem Land wurde ich in Kirchdorf a. d. Krems geboren.

Freddy hatte mit einem Kunden Ärger, denn der kaufte nichts und es war ihm auch alles zu teuer. Freddy meinte: >> Den müssen wir mal richtig ärgern<<. Wir hatten auch schon einen Plan. Wir fuhren nicht mit Freddys Firmenkombi sondern mit meinem DB-230 vor. Der Bauer erkannte Freddy nicht, den der hatte eine Brille auf und einen Bart angeklebt. Er fragte mich was ich wollte. Die Show begann.
Ich wedelte ihm mit einem Schreiben vor der Nase herum und erklärte ihm, dass wir vom Vermessungsamt kommen

und verwies auf das Schreiben, dass er ja schon längst haben sollte.

Freddy steckte den rotweißen Messstab in die Erde, ich schob den Bauer mit der Bemerkung: >> Lassen sie uns unsere Arbeit machen<< zur Seite. Er war total überrascht als ich auf die Scheune zeigte und sagte:>> Also das wird abgerissen. Die Autobahntrasse führt genau hier durch<<. Der glaubte seinen Ohren nicht zu trauen, was er da hörte und versuchte immer Fragen zu stellen, die wir natürlich überhörten und mit den Vermessungen weiter machten. Freddy rief ihm zu: >>Bis bald<<. Der ratlose Bauer wurde von uns einfach stehen lassen und wir fuhren davon.

Freddy machte sich schick, denn er hatte in der Nähe von Wien einige Kunden. Also war noch ein Besuch im Prater angesagt.
Wer den Prater in Wien kennt, kann viel erzählen. Dort gibt es Vergnügungsstraßen mit kleinen Häusern die zum Essen, Trinken und Tanzen einluden. Es gab aber auch alte und ganz moderne Karussellanlagen. Alles fing harmlos an. Wir fuhren Riesenrad, schossen Rosen und testeten den Hau-den-Lukas. Beim Rosenschießen hatte ich das Gefühl, wir werden beobachtet.

Es war so, wie Freddy auch feststellte. Zwei Damen in unserem Alter lachten uns ungeniert an. Na dann auf in den Kampf war die Losung. Wir gingen an ihren Tisch mit der Bitte platznehmen zu dürfen.
Wir durften platznehmen. Wir schleppten die Damen Karin und Iris, es waren Geschwister, zum Heurigen nach Grinzing.
Die Stimmung und das Publikum im Lokal glichen einer Faschingsveranstaltung und alle waren gut drauf. Es war ein gelungener Abend. Wir wurden noch von Karin zum Kaffee eingeladen.
Die Wohnung war sehr altmodisch eingerichtet. Küche und Wohnzimmer waren in einem Raum. Wir gingen sachte zum Angriff über. Freddy kam nicht so recht zum Zuge. Bei mir

klappte alles wie erhofft. Karin die ältere, erzählte noch von ihrer berühmten Verwandtschaft. Wir wollten nichts dagegen setzen. Meine Kleidung war natürlich nicht standesgemäß. Jeanshose Jeansjacke kein Hemd darunter und barfuß in Sandalen. Man stufte mich als Sandler ein, das ist ein Wiener Ausdruck für: der Mann ist am Sand / er hat nichts drauf bezüglich Geld. Was soll es, wir sprachen noch von einem Wiedersehn.

Wir hatten das Gefühl, den Damen nicht gut genug zu sein. Freddy und ich beschlossen, dies zu ändern. Das kommende Wochenende wurde ausgemacht. Treffpunt war die Wohnung von Karin.:>>Wir kündigten uns telefonisch an << sagte Freddy und erhielt die Telefon-.Nummer. von Karin. Also zogen wir uns flott und doch elegant an und los ging es nach Wien mit meinem Mercedes-230. Vor dem Haus in dem Karin wohnte, rief Freddy vom Autotelefon Karin an, sie sollte doch bitte mit ihrer Schwester herunterkommen. Wir warteten auf der Straße.

Zwei verdutzte Damen standen auf dem Gehsteig und hielten Ausschau nach uns. Wir ließen uns einige Minuten Zeit. Als sie jedoch ins Haus gehen wollten, hupte ich dreimal. Wie von Taranteln gestochen, drehten sich beide um und starrten das Auto an. Es dauerte wieder ein paar Sekunden bis die Damen uns im Auto sitzend wahrgenommen hatten, denn das was sie sahen entsprach nicht ihren Erwartungen,

ganz im Gegenteil. Die ungläubigen Gesichter wechselten schlagartig die Mimik und ein unsicheres Lächeln stand auf ihren Lippen. Das hatte gesessen, dachte ich. Denn jetzt kam der Wiener Schmäh zum Vorschein. Sie begrüßten uns überschwänglich. Es wurden alle unsere Wünsche und Sehnsüchte erfüllt. Wir fuhren zufrieden zurück nach Riegersburg. Wie öfters hatten wir kein Geld mehr um uns ein Bier zukaufen. Freddy hatte die Lösung. Wir gingen ins nächste Lokal und Freddy fragte in die Runde am Stammtisch, ob sie glauben, dass er in einen Kreidekreis von einem Meter Durchmesser fünf Bier, je ein halber Liter, hinein schütten kann, ohne dass das Bier aus dem Kreis herausläuft. Alle lachten und glaubten ihm nicht. Die Wette wurde gemacht. Spöttisch im Übermut sagte ein Gast:>> Wenn er das schafft, bekommen Freddy und ich so viel Bier, wie wir trinken können <<. Die Gaudi begann.

Freddy zeichnete im Lokal auf den Holzboden einen Kreis mit weißer Kreide. Alle waren gespannt, was jetzt kommen würde. Freddy trat in den Kreis, lies sich einen Stuhl geben, stellte diesen in den Kreis, setzte sich auf den Stuhl und verlangte das erste Bier, setzte den Bierkrug an und trank ihn aus. Jetzt wurde allen klar, dass sie verloren hatten und wir Freibier gewonnen hatte.

Ein Spaß machte sich Freddy wenn er ein Paar neue Schuhe gekauft hatte. Die alten Schuhe packte er in den Schuhkarton der neuen Schuhe und ließ sich eine Werbetragtasche vom Schuhgeschäft geben. Diese stellte er vor dem Schaufenster des Schuhladens ab. Bei einer guten Tasse Kaffee setzte er sich gegenüber in ein Kaffeehaus und wartete auf die Ereignisse die dann folgten. Er musste nicht lange warten, da kam schon der erste Interessent.

Dieser traute sich nicht die Werbetasche mit zunehmen, schade. Die Schadenfreude stieg bei Freddy langsam an. Wer wird seine alten Schuhe endsorgen ? Ein etwas schäbig angezogener Herr hatte mehr Mut. Ein verstohlener Blick in die Runde und schon hatte er die Werbetüte an der Hand und eilte mit schnellen Schritten davon. Freddy malte sich in

Gedanken aus, wie der Besitzer der Werbetasche nach Prüfung des Inhalts fluchte oder einfach sauer war.

Hans, nannte Freddy seinen Helfer und Handlanger. Dieser wohnte ebenfalls bei Freddy im Haus. Beim traditionellen Weinfest in Riegersburg, trafen wir uns gemeinsam zum Abschied im Festzelt. Meine Bierkleidung war angepasst. Jeans Jeansjacke barfuß in Sandalen. Freddy hatte gleichartiges an. Sein Gehilfe nebst seiner Frau saßen schon im Festzelt. Ich traute meinen Augen nicht. Sie im Abendkleid und Nerzstola, er im feinen Trachtenanzug. Beide musterten uns bezüglich unserer Bierkleidung. Ihre Körpersprache war abweisend. Nach dem dritten Bier jedoch kam das wahre Gesicht der beiden zum Vorschein. Hans läutete die erste Runde ein.

Er schrie seine Frau plötzlich an: >> Alte geh mal los und besorg mir ein Bier<<.

Sie machte keine Anstalten das Bier zu holen. Da fühlte sich Hans in seiner Ehre angegriffen. Eine schallende Ohrfeige von Hans, sollte seine Frau zum Bierholen bewegen. Fehlanzeige, sie setzte noch einen darauf und stieß ihn von der Sitzbank. Er landete auf dem Rücken und sah aus wie ein zappelnder Maikäfer. Es hagelte Schimpfwörter aus der untersten Schublade. Von der fein gekleideten Gesellschaft war nicht mehr viel übrig. Das war ein tolles Abschiedsereignis. Es trübte unseren Abend nicht im Geringsten.

So gingen die Tage dahin und der Abschied von Freddy wurde mit Umarmung und Schulterklopfen besiegelt, denn er sagte: >> wir sehen uns wieder, ganz bestimmt <<. Freddy hatte vor nach Australien auszuwandern. Später mehr von ihm.

Zum Abschleppen der willigen Frauen war das Zillertal der Treffpunkt der angeblichen Singles. Wie bereits schon zu vor erwähnt, bediente die vollbusige und schwarzhaarige Loren. Vom Gastwirt angefangen, hatte sie viel Verehrer, war aber dennoch ohne Freund bez. Geliebten. Wir kamen ins Gespräch. Als Sie beim Kirschblütenfest im Stadtteil Mühlburg anwesend war, blieb es nicht bei der Unterhaltung, denn wir wollten uns wiedersehen.
Da Sie die Gastronomie sehr gut kannte, war Ihr Wunsch, ein eigenes Lokal zu besitzen.

Das Kirschblütenfest hatte Folgen.

Wir trafen uns immer öfter. Daraus wurde eine feste Beziehung. Der Wunsch von Loren, ein eigenes Lokal zu haben, veranlasste mich im Zillertal ihren Chef zur recht zu weisen, als er Loren wegen einer Lappalie anschrie. Die Konsequenz war, dass Loren die Bedienungskleidung sofort auszog und das Lokal mit mir verließ.
Meine kleine Wohnung in der Gartenstraße gab ich auf und zog nach Mühlburg zu Loren.

Das X-Lokal die U-Haft und König Fußball.

Loren und ich suchten die Anzeigen durch und fanden ein Lokal das einen Nachpächter suchte. Die Übernahmeverhandlung ergab, dass die Pächterin DM 20.000.- für das X-Lokal als Ablösesumme haben wollte. Ein Bestandsprotokoll und eine Aufarbeitungsliste wurde auf meinem Wunsch erstellt und der Übergabetermin festgelegt. Loren konnte es kaum fassen, dass ich der Übernahmesumme zustimmte. Ich beruhigte Sie und erklärte Ihr, dass man abwarten muss, was bei der Übernahme festgestellt wird.

Meine Vermutungen hatten sich bewahrheitet. Das Lokal war in einem verkommenen Zustand. Von der Küche angefangen bis auf den verschmierten Fußboden im Lokal. Einige Gegenstände fehlten ebenfalls. Der Derivategeschäftswert war gleich Null und nicht so wie zugesagt. Die Ablösesumme schmolz auf DM 6.000 Loren verstand die Welt nicht mehr, ich schon.

Dann kam der 1. Januar mit Steuerklasse 1.0 Ich traute meinen Augen nicht, als ich das Nettogehalt auf meinem Konto sah. Ich war durch meine Unterhaltszahlungen am Existenzminimum angekommen.

In meinen Belangen bezüglich des Unterhalts, kannte sich Loren gut aus und ermutigte mich, den Job an den Nagel zu hängen. Zu der Zeit hatte ich einen Mercedes 220 Dienstwagen als Repräsentant für HP-Computer im Außendienst.

Ich folgte ihrem Rat. Es gab ein kurzes Gespräch mit der Geschäftsleitung. Die letzten Worte vom der Geschäftsleitung habe ich heute noch in den Ohren: >> Das können Sie nicht machen, wir verklagen sie <<. Meine Antwort war mit einer Handbewegung erledigt.
Der Autoschlüssel des DB-Dienstwagen flog mit dieser Handbewegung auf den Schreibtisch.

Ich machte eine Kehrtwendung in Richtung Tür und rief Loren an, dass sie mich abholen sollte.
Der nächste Schritt war der Weg zum Nervenarzt. Der setzt mir einen Helm auf und sagte zu mir: >> Sie sind reif für eine Kur << und schrieb mich 4 Wochen krank.
Ich kaufte mir einen Alpha GTV2000 in silbermetallic und fuhr ihn nach 8 Wochen gegen die Hauswand vom Lokal Stadtheidelberg. Voraus ging ein Streit mit Loren, die mal wieder die Chefin hervorkehrte. Mein Ärger wurde mit Kümmerling heruntergespült, denn wir spielten "tief verliert ". Auf dem Boden der Kümmerling-Flasche, war eine Nummer eingegossen. Diese Zahl war für den Gewinn oder Verlust maßgebend und weil wir so gut gelaunt waren, kam ich auf die Idee mit den beiden Mitspielern in die Altstadt zu fahren. Der Alkoholspiegel war nicht wichtig, dachte ich.

Also gesagt getan, wir fuhren los, ich am Steuer des Alpha GTV2000. Es war regnerisch und ich fuhr sehr schnell. Es passierte in der Linkskurve beim Einbiegen in die Karlstrasse. Das Kopfsteinpflaster ist für Breitreifen und unangemessener Geschwindigkeit gefährlich. Das Fahrzeug kam aus der Spur, riss einen Abgrenzungspfosten um und krachte dann mit dem rechten Kotflügel gegen die Hauswand. Der Vorderbau am Auto war nach links verschoben.
Ich konnte dadurch meine Autotür nicht öffnen. Die beiden Mitfahrer flüchteten aus der rechten Autotür, denn die wurde durch den Aufprall aufgerissen. Ich quälte mich durch die rechte Tür und landete auf dem Gehweg. Als ich mich aufgerappelt hatte, stand schon ein Uniformierter vor mir. Die Polizisten brachten mich in das mir bekannte Polizeirevier.

Die ehemaligen Kollegen erkannten mich, aber das brachte mir keinen Vorteil. Es war Ihnen sichtlich peinlich, aber es nützte nichts. Dr.K. kam und nahm eine Blutprobe von mir. 1,3 Promille. Führerschein ade usw.
Ein dreiviertel Jahr später zur Faschingszeit, konnte ich meinen Führerschein wieder abholen.

Meine berufliche Karriere war Nebensache. Ich stand im X-Lokal hinter der Theke und unterhielt die Gäste beim Würfeln, Skat spielen, Schach und Billard. Alles lief prima bis zu dem Tag, als mich ein Gast zur gemeinsamen Wohnung nach Mühlburg fuhr. Ich saß auf dem Beifahrersitz und sortierte meine Unterlagen. Da plötzlich ein Krachen an der rechten Seitentür. Das Metall der Seitentür fuhr mir in den rechten Brustkasten, ich rang nach Luft, es war schlagartig seltsam still. Da hörte leise Stimmen: >> Der blutet ja am Kopf und scheint bewusstlos zu sein<<. Ich bekam noch immer keine Luft. Was war passiert?

Meine Fahrerin übersah die Vorfahrt von rechts. Das hatte zur Folge, dass ein PKW ungebremst in die rechte Tür unseres Autos fuhr. Unser Auto glich einer Banane. Das Martinshorn wurde immer lauter dann verstummte es, der Krankenwagen war eingetroffen. Man verfrachtete mich in den Krankenwagen, mir war schlecht und das Martinshorn wieder laut. Im Krankenhaus angekommen legte man mich auf ein Bett mit Rollen, dann wurde ich in einen Gang abgestellt. Eine Stunde lag ich da, dann kam plötzlich wie aus dem Nichts stand eine Krankenschwester mit einem Block in der Hand neben mir und schnaubte:>>Name und Geburtsdatum, wo sind Sie versichert<<. Nach der erhaltenen Info, schob man mich auf den Röntgentisch. Ich konnte kaum atmen, denn ein paar kurze Rippen waren gebrochen. Ich bekam eine breite Bauchbinde, das war alles. Man schickte mich nach Hause.
Ich kam mir vor wie gerädert. Lachen und Husten oder Niesen erzeugten einen stechenden Schmerz, was den Zuschauern immer ein Grinsen entlockte.

Meine Kur in Bad Bevensen, die mir der Nervenarzt verschrieben hatte, war voller angenehmer und abenteuerlicher Ereignisse.
Am ersten Tag saßen wir in der Empfangshalle und begutachteten die Neuankömmlinge. Nach dem Abendessen

ging das Anbaggern los. Ich hatte eine Zierliche schlanke Dame aus dem Norden im Auge. Sie hieß Carola und wir verstanden uns von Anfang an gut.

Meine Gedanken waren noch bei Lore. Sie hatte vor einem Jahr auch eine Kur am Bodensee gemacht. Den Kurschatten, den sie kennen gelernt hatte, war so dreist und besuchte sie im Lokal, ich war sprachlos.

Aus diesem Grunde ging ich in den Bachuskeller im Ort. Das war die Nahkampfdiele (Tanzbar) für alle Kurgäste.
Dort war P. Maffei angesagt. Ich liebte die Musik von ihm, Carola auch. Wir tanzten engumschlungen und heiß. Sie war zu allem bereit, was auch den anderen Gästen aufgefallen war. Die Männer an der Bar zogen hastig an ihren Zigaretten. Die Show begann.

Carola zerriss mir langsam mein Hemd am Rückenteil in zwei Teile. Wir hatten unseren Spaß.

Das Problem war, dass um 11 Uhr Sperrstunde im Kurhaus war. Wie kommen wir jetzt auf unsere Zimmer ? Ich hatte Vorsorge getroffen. Ein älterer Herr, mit dem ich mich über Schmetterlinge unterhalten hatte (Er war Schmetterlingszüchter für Tropische Falter, speziell der Dunkelblaue), bot mir seine Hilfe beim Betreten des Kurhauses zur späten Stunde an. Es war einfach. Er hatte im Erdgeschoß sein Zimmer. Es ging so:
Wir machten das vereinbarte Zeichen und er öffnete die Balkontür stellte einen Stuhl auf den Rasen, und ruckzuck waren wir über den Balkon im Zimmer, alles easy. Carolas Telefonnummer hatte ich schon. Ein Versuch ist es wert, dachte ich und rief sie an. Ich war eingeladen, es war eine tolle Nacht.

Wir machten von dem Einstieg über den Balkon immer öfters Gebrauch.

Eine Dame aber war so zugeknöpft und sprach kein Wort mit uns, oder betonte, dass sie in Ruhe gelassen werden wollte. Sie kam nicht hierher um Bekanntschaften zu pflegen. Nicht genug, sie unterstellte uns das Schlimmste. Das war zu viel des Guten. Wir besorgten uns eine lange Bauleiter und stellten sie an ihr Balkongelender. Sie kam darauf bei der Kurleitung in Erklärungsnot. Wir hatten unseren Spaß.

Die Freundin von Carola hieß Helga und war Tochter eines Industriellen. Sie schloss sich uns an, weil bei uns immer was los war. Sie war meine nächste Eroberung und Carola störte es nicht. Der Höhepunkt mit Helga war ein Sexerlebnis der besonderen Art.

Das Kurhaus hatte im Keller eine Sauna und ein Hallenbad. Nach dem ausgiebigen Saunagang, stellte ich sie unter die kalte Schwalldusche. Das war zu viel für ihren Kreislauf. Sie schnappte nach Luft wie ein Fisch auf dem Trockenen. Mir wurde angst und bang. Es dauerte fast 15 Minuten bis sie sich erholt hatte. Danach gingen wir ins Schwimmbecken. Nach einigen Zärtlichkeiten stellte sie sich in die Ecke des Schwimmbeckens und wir liebten uns hemmungslos. Der Liebesakt war gerade beendet, da wurde die Eingangstür zum Hallenbad geöffnet und einige Badegäste gingen ins Wasser.

Wir grinsten und sie sagte:>> Was für ein gutes Timing <<.

Beim Spazierengehen schoben die beiden Mädels ihre Hände in meinen Hosenbund am Rücken. Wir hatten lustige Tage, was den Anderen nicht gefiel. Das ging so weit, dass ein Tischpartner bei Carola gegen Mitternacht auf dem Balkon stand und sie um Einlass bat. Carola machte dem Verehrer handgreiflich klar, dass es so nicht geht. Das spielte sich wie folgt ab:
Beim Frühstück ging sie zielgerade auf ihn zu, holte aus und gab ihm eine schallende Ohrfeige.

Zu guter Letzt besuchten wir drei eine kleine Bar mit fünf Tischen und einer Theke. Der Wirt erkannte die Situation so dass ich eine Frau zu viel dabei hatte und er seinen Freund telefonisch zu erreichen versuchte. Als er das Lokal ohne zu zögern abgeschlossen hatte, fragte ich ihn, was das soll. Er meinte, dass wir einen flotten Vierer machen könnten, wenn sein Freund kommt. Ich bat ihn erst höflich, die Lokalausgangstür wieder aufzuschließen. Er kam meiner Bitte nicht nach. Zum besseren Verständnis warf ich einen Barhocker über die Theke. Dieser landete gezielt in der ersten Flaschenreihe. Der Wirt wurde leichenblass, raste zur Tür und hätte fast den Türschlüssel beim Aufschließen abgebrochen. Zum Ausklang gingen wir in den Bachuskeller.

Um keine großen Abschiedsszenen durchzumachen, ging ich zum Chefarzt und bat ihn, mich zwei Tage früher aus der Kur zu entlassen, denn ich hatte ein Vorstellungstermin bei einer Firma. Das glaubte er mir, mir fiel ein Stein vom Herzen. Als ich wegen einer Bescheinigung in der Kurklinik anrief, sagte die Dame an der Zentrale: >> die Damen haben sie sehr vermisst <<.

In Karlsruhe wieder angekommen, war alles in die Wege geleitet.
Die Unterhaltszahlungen wurden meinem Arbeitslosengeld angepasst und mir wurde für den Scheidungstermin bei Gericht ein Pflichtanwalt vom Sozialamt gestellt.
Diese Situation hatte der Anwalt meiner Frau nicht richtig verstanden, denn bei Gericht pochte er auf das Recht, uns beide vor Gericht zu vertreten. Der Richter wies ihn zurecht dann ging alles sehr schnell. Meine Frau verzichtete auf gegenseitigen Unterhalt, denn sie war ja durch Josef gut versorgt und benötigte keine weiteren Zuwendungen. Ich war sehr erleichtert, mein Anwalt gratulierte mir.

Es kam ein Anruf, von einer unbekannte Handy-Nummer, Loren, Wirtin vom X-Lokal, gab mir den Telefonhörer und murmelte: >> Den kenn ich nicht, wer ist das <<. Es war Freddy, ich war ganz aus dem Häuschen.

Eine neue Ära begann.

Ich gab ihm meine Adresse durch und zwei Stunden später kam er mit seinem BMW Coupé beim X-Lokal an. Das Wiedersehen war groß. Er erzählte mir seine Zukunftspläne. Freddy hatte Kontakt mit dem österreichischen Künstler Hundertwasser. Diesen wollte er in Sydney treffen. Das Ziel war klar. Er half im Lokal wo er nur konnte. Bald wurde in Durlach über den Österreicher Freddy geredet. Die Gäste kamen zum Teil seinetwegen. Es wurde Skat gedroschen und Freddy hatte immer einen Witz oder Spruch auf Lager. Das gefiel den Gästen.

An einem ruhigen Sonntagnachmittag kamen zwei Männer ins Lokal. Offenes Hemd, dicke Goldkette, lange Haare. Ich kannte diese Typen aus meinem früheren Polizeidienst, Zuhälter ! Das war klar. Sie tranken kräftig und mit jedem Glas wurden sie unverschämter. Sie beleidigten Loren. Freddy ich und die Zuhälter standen nebeneinander an der Theke.

Dann war es plötzlich so weit. Glas splitterte, weil einer der beiden das Bierglas zu hart auf der Theke abstelle.
Ein Glassplitter traf einen Gast. Ich drehte mich langsam nach links um, sah den Burschen grimmig an und sagte: >> Wenn ich eine Wut habe, wiege ich drei Zentner <<. Hämisches Grinsen war die Antwort.

Er übersah das Zeichen, das ich Freddy signalisierte.
Zu spät, ich duckte mich, während Freddy hinter mir ausholte. Die Faust traf ihn auf den Zwölfer, also mitten aufs Kinn ohne dass er noch reagieren konnte. Diese Angriffstaktik hatten wir gut drauf. Der Lui stolperte

rückwärts gegen die Wand und rutschte langsam zu Boden und blieb regungslos liegen. Sein Kumpel war verwirrt.

Diese Situation nützte ich aus, denn er stand ungeschützt vor mir. Mein rechter Fuß traf ihn am Sola Plexus. Seine Luft entwich, wie bei einem Ballon, der ein Loch hat. Er kippte seitlich weg auf den Boden und krümmte sich wie ein Wurm, Loren staunte nicht schlecht als sie meine Kampftechnik sah. Sie kannte mich nur als Bürohengst und wusste nichts von meinem Polizeidienst.

Freddy war nicht untätig. Er nahm einen Barhocker, riss ein Stuhlbein ab und prügelte beide aus dem Lokal. Von Ferne hörte ich das tragbare Funkgerät der Polizei.

Da standen sie schon im Lokal. Ich dachte wer hat den die Polizei gerufen, es war unser Koch, der vermutlich Angst bekommen hatte.

Die Personalien wurden aufgenommen und wir machten Anzeige wegen Hausfriedensbruch und Körperverletzung. Auf dem Revier stellten beide eine Anzeige gegen uns wegen Körperverletzung. Eine Kontrolle der beiden Zuhälter ergab, dass eine Klage wegen Körperverletzung
und andere Delikte gegen sie noch anhängig waren.

Freddy sagte auf dem Heimweg zurück ins Lokal: >>Wenn ich das gewusst hätte, wären die Beiden nicht so einfach davongekommen<<.

Einmal im Monat hatten wir im X-Lokal eine Vier Mann Kapelle. Alles war gut gelaufen, doch plötzlich gab es einen Lauten Streit im Nebenzimmer. Was war da los. Wie meistens ging es um eine Frau. Ich ging auf die Streithähne zu und wollte schlichten, Fehlanzeige. Einer der beiden drehte sich zu mir um, da sah ich erst, dass er ein Messer in der rechten Hand hatte. Bevor er mich richtig registriert hatte, packte ich seinen Kopf und drückte beide Daumen in die Gehörgänge und schlug seinen Kopf zwei, dreimal gegen die Wand. Seine Augen schaukelten auf und ab und er ließ sofort das Messer fallen. Die Situation war geklärt, die Streithähne aus dem Lokal entfernt. Aber an diesem Abend sollte wohl keine Ruhe eintreten.

Wir saßen noch mit vier guten Gästen an der Theke um uns zu beruhigen. Da hörte ich schon wieder das tragbare Funkgerät der Polizei. Ich schaute auf die Uhr, verdammt Sperrstunde überschritten.
Freddy war clever, er schnappte sich einen Besen und war somit kein Gast mehr. Die restlichen Gäste wurden von den Polizisten gefragt, ob Feierabend geboten wurde. Sie nickten, was die Lage noch verschärfte. Ich kannte solche Situationen und wusste was kam.
Der Polizeibeamte fragte nach dem Pächter und Loren meldete sich: >> Ich muss leider eine Anzeige wegen Übersitzt machen <<, sagte der Beamte: >>Das kostet sie je nach dem 800 DM <<. Loren wurde blass.
Ich lenkte ein und fragte ob wir noch aufs Revier kommen sollten. Das bewog die Polizei zum Gehen. Die Spannung löste sich auf und gleichzeitig war ich schadenfroh. Loren rechnete den Verlust aus und schluchzte: >> Wir haben heute umsonst gearbeitet <<.
Ich beruhigte sie und sagte:>> lass uns erst mal zum Revier gehen <<. Sie sah mich ungläubig an.
Im Revier angekommen, stellte sich Loren vor und fragte nach der Anzeige wegen Übersitzt. Der Polizist sagte:>> Kein Problem, der Kollege der den Fall aufgenommen hat, kommt gleich <<. Jetzt kam der Grund für meine Gelassenheit im Lokal.

Ein junger Beamter trat aus dem Nebenzimmer auf uns zu und sagte zur Loren :>> Wir lassen es bei einer Verwarnung, bei dem nächsten Übersitzt, also beim nächsten Mal, folgt eine Anzeige :<< Ich vermutete, dass es an der fehlenden Aufnahme der Personalien im Lokal lag.

Der Tag kam wo ich Freddy zum Flughafen nach Frankfurt fuhr. In seiner Brusttasche unter dem Hemd war sein ganzes Vermögen. Er drückte mich fest an seine Brust und sagte:

>>Du kannst den BMW behalten, ich fliege nach Sydney, vielleicht sehen wir uns nochmal, wer weiß<<.
den BMW verkaufte ich.
Auf eine Anzeige bewarb ich mich als IT-Leiter bei einer Firma in Gummersbach und bekam die Stelle.
Die Firma hatte ein Büro in Ettlingen. Die Kunden waren in ganz Baden-Württemberg verteilt und somit war ich fast jeden Tag auf Achse.
Da passierte es, nach einer Inspektion meines Autos in Richtung Gummersbach bei Bruchsal krachte es unter der Motorhaube, als hätte man ein Bündel Reisig durchgebrochen. Geistesgegenwärtig trat ich die Kupplung durch, es war zu spät. Ich blickte in den Rückspiegel und sah eine blaue Rauchwolke hinter mir. Die nächste Tankstelle kam zum Glück in Sicht. Ich ließ den Wagen ausrollen. Der Schwung reichte bis zur Zapfsäule.
:>> volltanken ? << fragte mich der Tankwart :>> Nein abschleppen << sagte ich.

Die Pleuelstangen ragten aus der Ölwanne. Ein neuer Motor war fällig, super.

Ich war beruflich eingespannt, denn in dieser Branche kam ich öfter spät ins Lokal, zum Gespött der Gäste.

Ein Gast hatte besonders viel Zeit und war schon mittags in der Gaststätte. Sein Verständnis und Geduld für ihre kleinen Sorgen von Loren beeindruckten sie. Er war ja ausgeruht, denn ich hatte nur beim Ruhetag frei. Ich liebte sie und war blind bis zu diesem einen Tag.
Ich kam aus Baden-Baden, es war mein Geburtstag. Die Gäste warteten auf mich im Lokal. Mein GTV2000, mit neuem aufgemotzten Austauschmotor brachte mich in einer halben Stunde zu meinen Gästen, das war damals noch möglich, dass man auf der Autobahn 230 und mehr fahren konnte. Alle waren lustig und hatten neben dem Gratulieren einen dummen Spruch traf, wie: Wer weiß wo du gewesen bist etc. Ich überhörte die Sprüche, war aber plötzlich hell

wach, als ich sah, wie Loren Ihrem Gegenüber unter dem Tisch, mit den Fußzehen den Oberschenkel hochfuhr. Ich war sehr wütend und packte den zierlichen Mann im Genick und warf ihn aus dem Lokal. Die Gäste hatten nicht erkannt, um was es da ging. Sie dachten ich hätte ein Lokalverbot ausgesprochen.
Ich war wütend und verbittert.

Meine Wege führten mich ins nächste Stammlokal. Dort war am Wochenende immer eine Band. Mein trauriger Gesichtsausdruck war der Grund für ein Gespräch mit einer rotblonden, schlanken Frau. Sie hieß Gundel und war Lehrerin. Wir trafen uns immer öfter, obwohl ich noch im X-Lokal schlief. Loren war von ihrem Dürren zierlichen abgelenkt und bekam erst nach einigen Wochen Kenntnis von Gundel. Die Eifersucht und die Mittel, mich wieder an sie zu binden, waren für mich die schlimmste Zeit.
Angefangen von Anrufe, wenn ich beim Kunden war: >>Komm sofort ich bin besoffen und habe Angst, hier sind wieder Zuhälter <<.
Oder eine angeblich genommene Überdosis von Schlaftabletten, wobei sie provokativ eine blaue Tablette auf der Zunge zeigte. Ich rief den Notarzt, dem sie dann ihre Geschichte erzählte von: Im Stich gelassen von mir und Weibergeschichten, was natürlich auf vollstes Verständnis beim dem Notarzt traf. Diese Ereignisse häuften sich. Ich war am Ende meiner Geduld und suchte Rat bei Gundel, die ja pädagogische Kenntnisse hatte. Ihr Rat war für mich schockierend, denn sie sagte mir:>> Wenn Loren wieder eine Selbsttötung vorspielen sollte, muss deine Reaktion sein, kein Mitgefühl zu zeigen, sondern sie in ihrem angeblichen Beschluss zu bestärken. Ich bringe dir noch einen Strick, dann ist es ganz sicher <<. Beim nächsten Telefonanruf von Loren, gab ich ihr diesen Ratschlag und feuerte sie zum Suizid an. Es wurde still am Telefon. Ich bekam schlagartig ein schlechtes Gewissen. Hatte Gundel Recht oder habe ich Loren in den Tod geschickt ? Bei Gundel übernachtete ich und nicht mehr im X-Lokal. Es waren für mich Tage der

Ungewissheit und schlaflose Nächte mit Alpträumen. Ich wachte schweißgebadet auf.
Ich musste Gewissheit haben, ob das nur eine weitere Drohung von ihr war. In der Dunkelheit schlich ich mich wie ein Dieb zum Lokal X-Lokal.
Als ich mich dem offenem Lokalfenster näherte, klang Lorens Stimme sehr lustig.

Gundel hatte Recht, das Theater von Loren war schlagartig beendet. In ihren Briefkasten warf ich eine kurze Info , dass ich das Auto für einen Urlaub benötige und mit meinen Kindern nach Österreich fahren werde. Dann tankte ich den Wagen voll und fuhr mit meinen Kindern Claudia und Marion nach Österreich auf die Postalm. Dort hatte Josef mir eine Berghütte organisiert. Es war eine große Almhütte, in der für 10 Personen Platz war.

Es war eine himmlische Ruhe auf der Postalm. Man konnte sich auf 100 Meter unterhalten. Wir machten jeden Tag eine Wanderung, die wir am Tag zuvor geplant hatten. Es war immer ein Abenteuer, denn fragte man einen Einheimischen nach dem Weg und wie lange man noch laufen musste, waren die Entfernungen immer 15 Minuten.

Der nahe gelegene Touristen-Magnet war das Weißerössel. Dieser große Gasthof war eine Augenweide. Die Salzburger-Noggerln waren riesig, die Preise gesalzen.
Es war für mich an der Zeit, Gundel auf die Postalm einzuladen. Sie folgte meiner Einladung und kam mit dem Zug nach Salzburg.. Wir holten sie ab und sie war sehr glücklich. Die Kinder verstanden sich gut mit Gundel und wir unternahmen größere Touren auch mit dem Auto. Der Weg führte uns auf eine hoch gelegene Jausen Station. Es gab guten Weißwein und Schmalzbrot und neidische Blicke der Gäste bezüglich meiner Frauengesellschaft, denn Gundel war 23 Jahre Claudia 16 und Marion 15 Jahre.

Es dauerte auch nicht lange bis einer der Burschen aufstand und unaufgefordert an unserem Tisch Platz nahm.
Er sagte: >> jo mei so nette Madeln, da kannst ja eine abgeben<<. Bevor ich was sagen konnte, öffnete sich die Tür und ein Förster trat ein: >>Gott zum Gruß<<, sagte er und unser ungebetene Gast versank in Ehrfurcht vor dem Herrn Oberförster. Der Wirt eilte herbei, um den Herrn Oberförster seine Aufwartung zu machen. Grüß Gott Herr Oberförster, wie wär es mit einem Schnaps und einer Brotzeit. Er winkte ab, und sagte: >>Na isch scho guat<<.
Der Wirt ließ nicht locker, bis der Herr Oberförster sein Angebot nach lebhaftem Zögern, annahm. Der aufdringliche Kerl an unserem Tisch, beeilte sich, um an dem Tisch des Oberförsters Platz zu finden. Ich atmete auf und bezahlte.

An der frischen Luft zeigte der Wein seine Wirkung. Wir alle drei waren besoffen, aber nichts desto trotz, stieg ich ins Auto und fuhr los.
Die Fahrt endete nach einem lauten Krachen am Bodenblech. Was war geschehen ?

Wir stiegen, nach gegenseitigem schulterzucken, aus dem Auto um nach der Ursache zu suchen. Ein Blick von mir genügte. Ich war über einen Stein gefahren und hatte den Auspuff aus der Halterung gerissen. Kein Problem, der Wagenheber wurde angesetzt und die Reparatur im Taschenlampenschein begann. Ich hatte genügend Draht im Kofferraum und bastelte mit meinem besoffenen Kopf den Auspuff fest.
Die Abenteuer der Postalm wurden per Brief von meinen Kinder an meine geschiedene und wieder verheiratete Frau, geschickt. Eine aufregende Nacht sei hier auch erwähnt.

Es begann harmlos, der Himmel zog sich mit schweren dunklen Wolken zu. Gegen Abend war es plötzlich unheimlich ruhig. Kein Vogelgezwitscher kein Blöken der Kühe. Dann rollte der erste Donner über die Postalm und das Echo machte alles noch furchterregender, denn auf der

Wiese war plötzlich ein Kugelblitz, der sich unserem Hause näherte. Was wird nun passieren, fragten mich alle drei. Ich hatte noch nie zuvor einen Kugelblitz gesehen.
Des halb sagte ich:>>Der Kugelblitz sucht sich den kürzesten Weg<<, was natürlich relativ war. Zum Glück zischte das Unheil an unserem Fenster vorbei. Es folgten noch einige Kugelblitze, die sich wie Schlangen über die Wiese bewegten. Wir hatten Herzklopfen und waren heilfroh als der Spuk vorbei war.

Nach einem ausgedehnten Spaziergang, kamen wir an einem Gasthaus mit großer Sonnenterrasse vorbei. Der Hunger und der Durst zog uns auf die Terrasse. Ein Bier und noch ein Bier, mein Kopf wurde immer schwerer. Als ich wieder aufwachte, war schon Dämmerlicht im Anzug. Wir brachen sofort auf und kamen im Halbdunkeln zu unserer Almhütte. Im Dämmerschein sah ich aber noch einen Zettel an der Windschutzscheibe unter dem Scheibenwischer. Das kann nichts Gutes sein, dachte ich und so war es auch.

Der Herr Oberförster hatte eine Botschaft an uns gerichtet.
Bitte kommen sie in mein Forsthaus bezüglich unerlaubten Parkens und Befahren der Postalm.

Das fehlte gerade noch, denn es war keine Adresse auf der Aufforderung des Försters. Wir trabten los.
Den ersten Menschen den wir trafen, fragten wir nach dem Weg zum Forsthaus.
Wir mussten den Dorfdeppen erwischt haben, denn seine Angaben waren unklar. Also weiter in diese unbekannte Richtung. Wir hatten Glück, denn mein siebter Sinn führte uns in die richtige Richtung, wie ein Passant den wir ebenfalls nach dem Weg fragten bestätigte. Die obligatorischen 15 Minuten bis zum Försterhaus, waren immer gleich. Nach zwei Stunden hatten wir unser Ziel gefunden.
Ich klingelte Sturm, aber der Herr Oberförster ließ sich Zeit.

Da, wie ein Wunder, öffnete sich die Tür. Der Oberförster stand im vollen Gewand vor uns und blickte von oben herab auf die Sünder. Er fragte:>> Sind sie der Lenker von dem grünen BMW :<<, ich senkte ergeben den Kopf und er gewährte uns zögernd Einlass in sein Reich.

Hinter einem großen Schreibtisch wühlte er in einem Berg Unterlagen, dann holte er tief Luft und sprach:>> Sie wissen warum ich ihnen die Verwarnung zugestellt habe :<< ! Er machte eine Kunstpause und fuhr mit strenger Miene fort: >> Sie müssen eine Strafe zahlen<<, dann schob er mir eine Quittung nur soweit über den Schreibtisch, dass ich aufstehen musste, um sie zu lesen.

Ich beherrschte mich, um nicht loszulachen. 150 Schilling sollte ich sofort bezahlen, wenn nicht, wird das Fahrzeug beschlagnahmt. Ich dachte, der spinnt doch, ließ mir aber nichts anmerken, sondern bezahlte die 10 Mark und bedankte mich überschwänglich höflich. Wir verließen nach kurzem Abschiedsgruß die heiligen Hallen. Sein letzter Blick war von Stolz erfüllt.

Das war das letzte Abenteuer auf der Postalm. Die Heimfahrt war angesagt.

Die Ereignisse auf der Postalm, aus der Sicht meiner Tochter. Hier eine Kopie der Originalbriefe über die Abenteuer auf der Postalm, an Ihre Mutter 1982.

Sommer
Urlaub auf der Postalm 1/198?

1. Teil

Hallo Ihr Städter!

Gestern haben wir zum Milch- und Butter holen ca. 3 Stunden benötigt. Nach Aussage der Postalmbewohner sei dies nicht sehr weit. Als wir endlich unser Ziel (die Sennerin, wo es Milch, Butter und Käse gibt, „Almfrisch") erreicht hatten, war es ca. 15 Uhr. Es gibt aber zu unserem Pech erst ab 17 Uhr Milch und Butter. Daraufhin gingen wir in ein „nahegelegenes" Gasthaus „nur" ca. 1/2 Stunde Spaziergang. Dort haben wir uns etwas zu Trinken bestellt. Auf der Terrasse war es so gemütlich, daß wir eingeschlafen sind, und zu unserer Erfrischung später „sich warme" Erfrischungsgetränke zu uns genommen haben.

Wir gingen um ca. 17 Uhr zu der Sennerin,

die dann endlich "pünktlich" gegen 18 Uhr. erschien. Vollgepackt mit Milch und Käse "schlenderten" wir "leichtfüßig" über den ca. 350 m hohen Moosberg zu unserer Hütte, was nach Aussage der Hiesigen nicht (kaum der Rede wert ist.

Hungrig richteten wir unser Nachtmahl im Freien. Als wir endlich mit dem Essen beginnen wollten, wurde aus dieser Gemütlichkeit nichts; denn eine Herde Kühe belagerten unseren Tisch. Wir flüchteten dann in den eingezäunten Garten der Hütte. Heute haben wir versucht, den Weg zur Sennerin abzukürzen. Wir sind dem Rundweg 4 ordnungsgemäß gefolgt, in der Hoffnung schneller am Ziel zu sein. Nach ca. 1 Stunde strammem Bergauf-und Abmarsch entschlossen wir uns den Weg endlich abzukürzen.

„Gesagt, getan." Wir gingen quer almanwärts mit leichtem Berganstieg (ca. 10%) als wir endlich unser Ziel greifbar nah hatten, endete unsere Bergtour jäh an einem Felsabhang. Schweißgebadet und zerschunden (dreckige Hose, aufgerissene Knie) sind wir dann wieder enttäuscht auf den Rundweg 4 zurückgekehrt. Nach ca. 2½ Stunden haben wir dann locker das Ziel erreicht.

Wir haben dann nach dem Butterbrot- und Milchfrühstück fieberhaft versucht in der nahegelegenen Jugendherberge (ca. ½ Stunde) bei uns daheim anzurufen, und waren froh, daß es uns nach mehrmaligen Versuchen (knapp eine viertel Stunde) gelang.

Der Aufstieg zur Moosbergalm zu unserer Hütte dauerte dann bescheidene 3 Stunden was ein Klacks ist.

Als Nachtessen wollten wir Linseneintopf mit Spätzle kochen. Dank dem Diätsalz landeten die Spätzle auf Grund ihres hervorragendem Geschmackes auf dem Plumsklo. Unser Nachtmahl im Freien wurde durch ein leichtes Gewitter gestört. Dennoch schmeckt der Eintopf (Linsen mit Würstchen) prächtig.

2. Teil

Hallo Ihr „Dotenake"!

Nach Absenden der ersten Almereignisse haben wir noch 2 Tage Sonnenschein gehabt. Wir hatten in diesen Tagen unsere Zeit mit Drehtbootfahren, größeren Fußmärschen, Baden am Wolfgangssee usw. verbracht. Das mit den Bootfahrten war eine Sache für sich. Wie wir halt so sind „voller Neugierde" sind wir mit einem Elektroboot über eine Boje gefahren und daran hängengeblieben. Papa war schon bereit den Kampf mit der Boje aufzunehmen, doch zu unserem Glück hatte sie sich wieder von alleine gelöst, wobei der ganze Schlamassel nach oben kam an der die Boje befestigt war. Dann sind wir auch ein paarmal Drehtboot gefahren, wobei wir dann die Gelegenheit

mußten und vom Boot aus baden gingen
Die Ereignisse nahmen ihren Lauf in den
3 folgenden Regentagen.
Am 1. Regentag ~~neigten~~ haben wir uns
fast überfressen. Am 2. Regentag neigten
wir zu einer Alkoholvergiftung; denn wir
machten einen Ausflug in die Retteneg-
hütte. Da Papa den Wein nicht so schnell
trinken konnte, wie er ihn bestellt hatte,
half Claudia leicht nach. Gegen 24 Uhr
haben wir aufgestoßen und uns Horn
gebrochen. (nicht nur das, der Auspuff
ist auch abgebrochen). Leichtes schleifen
und kratzen bei der Heimfahrt machte
sich bemerkbar, und ließ uns aus dem
Auto steigen. Der Auspuff war abgebrochen, da ja die Wege so leicht befahr-
bar waren. Da wir jedoch klar durch-

blickten, hatten wir sofort den Wagenheber montiert, und das Fahrzeug aufgebockt bei „Sternklarer" Nacht. Papa ist dann mit leichtem Seegang unter das Auto gekrochen. Zu unserem Glück war der Auspuff nur in 2 Teilen. Mit einem Brauseschlauch haben wir den kleinen Schaden schnell behoben.
Der dritte Regentag begann mit „strömenden" Sonnenschein. Das brachte uns auf die chlorreiche Idee, den Auspuff zu reparieren. Mit zwei Konservendosen, einem Bündel Draht und Alufohe gingen wir ans Werk. Der Auspuff ist für die Deutschlandfahrt gerüstet.
Doch ansonsten geht es uns sehr gut.
Bei uns geht es immer hoch her (ob Regen oder Sonnenschein).
Papa hat beim Wasserholen sich den

Arsch aufgerissen, was ja hier eine Üblichkeit ist. Zwei ca. 15 cm lange Risswunden zeichneten seinen rechten Arschbacken mit Oberschenkel. Das rechte Handgelenk ist auch etwas leicht lädiert.
Claudia trägt mit Stolz eine Beule am Kopf, weil sie leider immer noch nicht, (nach 8 Tagen) begriffen hat, daß die Türeingänge ca. 40 cm niedriger sind als in Deutschland. In dieser Hütte müssen früher Zwerge gehaust haben. Wir dagegen (Papa und ich) gehen gebückt durch die Türöffnungen (gewußt wie!)
Heute haben wir zum Milchholen die 3-fache Zeit gebraucht. Und das war so: Der Almabstieg dauerte ca. 1 Stunde, die Sennerin war wie immer nicht da. Nach ca. 1½ Stunden Wartezeit, sind

wir wieder in Richtung unserer Hütte marschiert. Auf halbem Wege haben wir dann die Sennerin getroffen. Nach einem kleinen Umweg (Kühe einsammeln und auf den Heimweg ausrichten, wobei die Sennerin, auf der Suche nach eines ihrer Kälber in ein Loch fiel und wir ihr wieder heraushelfen mußten) erklärte uns die Sennerin, wir hätten die Milch aus dem ~~Brunn~~ Brunnen, neben dem Haus, selbst holen können, denn dort steht sie schon fast einen halben Tag, d.h. wir haben umsonst gewartet. Der Aufstieg dauerte wieder ca. 1 Stunde (jedoch mit strammen Fußmarsch).

Was würdest Du sagen, wenn Du zum Milchholen ca. 4 Stunden brauchen würdest?

Als ich zuhause angekommen war und in meinen Briefkasten nach Post schaute, war ein Brief der Fa. Mon dabei.
Man lud mich zu einer Besprechung ins Büro nach Ettlingen ein. Was hatte dieser Brief für eine Bewandtnis? Bestimmt nichts Gutes, denn die Programmierungsaufträge wurden derzeit immer weniger. Ich ahnte, was der Grund war.

Das Treffen war besetzt mit der Firmenleitung Herrn Hi. und dem Prokuristen Herr We. Man kam schnell zur Sache.
Die Firma wird geschlossen und wenn möglich die bestehenden Aufträge noch abgewickelt.

Einen Spruch von Herrn Hi habe ich nie vergessen:
>> Es ist immer schwer, an anderer Leute Geld zu kommen <<. Ich antwortete sarkastisch: >> Ich hoffe, dass noch mein Gehalt gezahlt wird <<. Herr Hi unterbrach mich mit wütender Stimme : >> Was soll das heißen <<. Diese Reaktion brachte indirekt für mich die wahre Situation der Firma zu Vorschein.
Allen Programmieren wurde gekündigt, nur ich blieb noch übrig und sollte den Telefondienst im Büro aufrechterhalten.

Das war eine lustige Zeit. Ich fuhr gegen 9 Uhr ins Büro und hörte mir das Schimpfen der Kunden am Anrufbeantworter an. In Gummersbach benutzten die Herren immer denselben Spruch, wenn ein Kunde den Programmierstand seiner Software erfahren wollte.

<< Nur noch lochen und testen << (Es gab damals nur Lochkarten für die Programme).

Meine Vertragszeit lief aus und ich brauchte einen neuen Job. Eine Firma in Eberbach suchte einen EDV-Leiter. Diese Stelle war für damalige Verhältnisse sehr gut dotiert. Meine Bewerbung fiel positiv aus, ich bekam die Stelle und mietete in Eberbach ein Appartement.

Bei einer Katzenausstellung in der Schwarzwaldhalle in Karlsruhe, kaufte ich einen schwarzen Perserkater der mir die Sorgen vertreiben sollte. Er bekam den Namen Peterle.

Als Controller und EDV-Leiter hielt ich es in Eberbach trotzdem nicht lange aus. Meine Liebesgefühle waren zerrissen, denn einmal war Loren bei mir in Eberbach, dann mal wieder Gundel. Manchmal fuhr ich abends nach Karlsruhe zu Gundel und am frühen Morgen um 6 Uhr zurück nach Eberbach. Die Anforderungen des Prokuristen waren unklar, die Geduld der Geschäftsleitung am Ende. Warum wohl ? Ich erfuhr bei meinem letzten Gespräch, dass ich schon der 5. war, der das marode DV-System, zum Laufen bringen sollte. Es war Ostern, als ich meine Zelte in Eberbach abbrach und wieder mit meinem Kater nach Karlsruhe in das X-Lokal einzog.

Dieser Kater hätte beinahe zum Schließen der Gaststätte beigetragen. Es meldete sich der Wirtschaftskontrolldienst, abgekürzt WKD, an. Der Herr kam um die Mittagszeit ins X-Lokal, wo der meiste Betrieb in der Küche war. Ich suchte verzweifelt den schwarzen Kater im Lokal. Ein Blick in die Küche reichte mir aus. Ich erschrak so heftig, dass der WKD-Beamte mich fragend ansah. Mir stockte der Atem. Peterle lag in der Paniermehlschachtel die auf dem Küchenhochschrank stand. Ich musste unbedingt den WKD-Mann ablenken, aber wie ? Denn wenn er den Kater im Paniermehl entdeckt hätte, wäre die Küche sofort geschlossen worden und dazu noch ein Bußgeld zu zahlen gewesen. Loren bemerkte die heikle Situation nicht, Gott sei Dank. Ich suchte krampfhaft nach einer Lösung um den WKD-Mann aus der Küche zu locken.

Da fiel mir schlagartig ein, dass der begehbare Kühlraum noch durch eine Inspektion abgenommen werden musste.

Mit wichtiger Geste machte ich den WKD-Mensch auf den noch zu kontrollierenden Raum aufmerksam mit den Worten:>> Den Kühlraum brauchen sie bestimmt nicht kontrollieren <<. da hatte ich mich aber angeblich verschätzt oder den WKD richtig eingeschätzt. Die Küchenkontrolle wurde jäh abgebrochen und als geprüft abgeschlossen, denn die Kontrolle des Kühlraums wurde sofort durchgeführt. Ich holte tief Luft und zeigte dem WKD-Mann den Weg zum Kühlhaus. Der Prüfbericht wurde ausgestellt und kleine Mängel erwähnt. Der WKD-Mann verließ das Lokal. Loren fragte mich naiv: >> warum warst du denn so aufgeregt <<. Das erklärte ich ihr, Sie war sprachlos. Ich goss mir einen doppelten Schnaps hinter die Binde.

Ab und zu kam Stefan ins Lokal. Er war bei der Versicherung Gebietsleiter. Ich fragte ihn nach einigen Besuchen, ob er mir eine Arbeitsstelle besorgen könne ? Er konnte!

Versicherungsgebietsleiter Stefan bot mir eine Stellung als Fachmann in Schwachstromversicherungen und EDV-Anlagen an. Ich verkaufte meinen roten Alpha-GTV2000 einem Amerikaner. Stefan gab mir ein Darlehen, damit ich mir einen Lancia-Spider kaufen konnte. Für den Umsatz setzte Stefan auf die Fußballvereine als Kunden. Das Geschäft lief einträglich.

Die Bekanntschaft mit Stefan hatte verehrende Folgen, davon später.

Aus einer Schnapslaune heraus machte ich mit meinen Kindern Claudia, Marion und der Tochter Tine von Loren Urlaub in Italien.

Hier die Geschichten aus Lido Adriano.

Mit den Kindern fuhr ich gemeinsam an die Adria. Den Italienern fielen ja fast die Augen raus, beim Anblick meiner drei Grazien. Dies hatte auch etwas Gutes. Wir fuhren eines Abends mit überhöhter Geschwindigkeit über die Landstraße und wurden deshalb von der Polizei gestoppt. Meine drei Mädchen setzten sich auf den Kofferraum, mit den Füßen auf dem Rücksitz in Position. Die Polizei war mit dem Anglotzen meiner Schönen beschäftigt und winkte uns großzügig weiter.

Den absoluten Kracher leisteten sich meine Schnecken, in dem sie sich auf den Balkon stellten. Ich dachte mir nichts dabei, bis lautes Quietschen von Bremsen auf der Straße an mein Ohr drang. Ich sah nach dem Grund und war von den Socken. Die drei standen auf dem Balkon oben ohne und wenn ein Auto vorbei kam, zogen sie die Pullis hoch, so dass man den BH oder keinen, sah. Das hat die Autofahrer verwirrt, mich auch, aber nicht die Show, sondern der Einfall meiner Mädels.

Hier die Kopien der Originalbriefe meiner Tochter an ihre Mutter von den Ereignissen in Lido Adriano 1983

Neues aus Lido Adriano!

Wenn man bedenkt, daß man ca 900 km in ca 10-11 Stunden zurücklegen kann, so trifft das auf unsere Fahrt nicht zu. Der Grund liegt ganz einfach an dem schläfrigen Fahrer, der es ~~ganz einfach~~ nich geschafft hat ca 2 Stunden an einem Stück hinter dem Steuer nicht einzuschlaf Somit waren mehrere Pausen notwendig. Kein Wunder bei dem bekannten Lebenswandel von Jürgen.
Als wir endlich die Wegweiser in Richtu Ravenna bzw. Lido Adrianno entdeckt hatten, fiel ganz ohne Vorwarnung der

lautere Auspuff auf die Straße. Mehrere Autofahrer zeigten auf den schleifenden und polternden Auspuff. Ein irrer Sound erfüllte das sportliche Fahren. Tolle Ferien!
Die Uhr zeigte 16⁰⁰ Uhr, pünktlich meldeten wir uns im Info-Büro des Hausvermieters. Die erstaunliche Bemerkung des Unternehmens „Früher hätten Sie nicht kommen dürfen!" haute uns fast um.
Es ist faszinierend mit welcher Neugier Rasende in einem Feriendorf bestaunt werden, die mit drei netten Mädchen und einem „alten Simpel", sowie schickem Cabriole' ohne Auspuff mit Toneffekten durch den Ort brausen. Bei jedem Ausflug durch Lido Adriano, sowie zum Strand, fliegen die Köpfe der Straßenpassanten, wenn man das

Gaspedal leicht streichelt. Am Strand angekommen, entdeckt man konservatives Badeverhalten.
Dies haben wir gleich aufgelöst. Durch eine kleine „oben ohne Show" ließen es sich die übrigen Damen nicht nehmen, ebenfalls ihre „naja" in die Sonne zu strecken. Tolle Stranderlebnis!
Das Bier, das man abends verkonsumiert hat hier genau die gleiche Wirkung wie zuhause. Doch die Möglichkeit es loszuwerden endet bei uns immer mit Strandspaziergängen; denn hier ist der Natur größte Toilette.
Die Preise gleichen dem Snob-Effekt „Wenig Ware, teueres Geld".
In Kürze Neues aus
    Lido Adriano

Neues aus Lido Adriano !!!
Da wir ein paar Stuttgarter kennenlernten, brachten wir es nicht über's Herz ohne eine Fete auseinanderzugehen. Die Fete endete bei einem ausgedehnten „Ohne" Baden bei rauschendem Wellengang.
Wir mußten uns gegenseitig abzählen, um die Vollständigkeit der Gruppe zu prüfen. Wie wir zur nächtlichen Baderei gekommen waren hat folgende Vorgeschichte:
„Zuvor hatten wir standesgemäß eingekauft: Rotwein, Weißwein, Sekt, Martini Cola u. Fanta usw. Als die Flaschen geleert waren, übte Claudia das freihändige Kotzen über die Ballustrade, was ihr ohne fremde Hilfe gelang, wobei man sie immer stützen wollte.
Die Idee dann baden zu gehen war

obligatorisch. Da wir zwei Tage schlechtes Wetter hatten, entschlossen wir uns nach Rimini zu fahren. Die Fahrt dauerte nicht 2 nicht 3 nicht 4, nein, Sie dauerte nur 1 Stunde und das bei lächerlichen 54 km.
Dort treten sich die Menschen förmlich. Aber ansonsten ist es eine herrlich angelegte Hafenstadt mit einem herrlichen Strand, wo jeder Meter Strand mit Stühlen und Schirmen eingeteilt ist.
Wir wollten noch nach San Marino fahren, doch ein paar Trottel hatten die Pässe vergessen. Wird noch nachgeholt. Die Heimfahrt von Rimini nach Lido Adriano war atemberaubend. Man überholt auf Tuchfühlung. Die Außenspiegel hielten stand, die Insassen

kniffen die Augen zu, was für eine himmlische Fahrt.
Der Weg zurück vom Urlaub nach Karlsruhe in das X-Lokal, fiel mir schwer, deshalb suchte ich eine andere Unterkunft in Karlsruhe. In einem Hochhaus in Stadtmitte konnte ich ein kleines Appartement anmieten. Ich richtete es wie ein Büro mit Schlafgelegenheit ein und hatte vorerst einmal Ruhe.

Bei einem Treffen im Freibad lernte ich Stefans Schwägerin kennen. Sie hieß Sofia und ich besuchte sie mit Stefan zusammen in ihrem Schrebergarten. Sie war von meinem Auto beeindruckt, dachte ich, aber es war nicht so.
Sie war in meinem Alter, Witwe und hatte zwei Kinder. Wir kamen uns näher.
Weiter im Kapitel Sofia und der Hauch des Todes.

Einen Versuch machten Loren und ich noch. Wir fuhren gemeinsam für eine Woche nach Österreich. Wir gingen jeden Abend aus und waren immer alkoholisiert, was die Beziehung nicht unbedingt festigte. Ich machte einen großen Fehler indem ich Gundel nicht von meiner Abwesenheit unterrichtet hatte. Das Ergebnis war schmerzlich für mich, Sie machte Schluss mit mir und zog von Karlsruhe weg.

Ich verkaufte meinen Lancia-Spider über einen Trick, den ich von Stefan erfuhr. Der Autohändler sagte mir, dass mein Auto schwer verkäuflich sei. Stefan rief darauf den Händler an und fragte ihn, ob der Lancia-Spider noch auf dem Hof zum Verkauf steht, denn er hätte dieses Fahrzeug im Vorbeifahren gesehen. So ein Auto suchte er als Liebhaber von Lancia, schon lange. Prompt rief mich der Autohändler an und sagte, ich sollte doch noch einmal vorbeikommen. Mein Lancia wurde in Zahlung genommen und ich legte mir einen weinroten Jaguar Serie zwei zu. Der Händler wartet heute noch auf den Lancia Liebhaber.

Das X-Lokal in Durlach war der Ausgangspunkt meiner Vorstandskarriere in einem Fußballverein.

Es begann ganz ungezwungen und harmlos. Am Ende nur Chaos.
Öfters kam Stefan mit seinen Mitarbeitern ins Lokal.
Da Stefan einen Fußballverein unterstütze, folgten auch Versicherungsabschlüsse.
Aber der Verein suchte weiter Gönner. Man nahm mich auf Turniere mit und im Anschluss traf sich die ganze Mannschaft im X-Lokal. Alles machte Spaß.
Der Asbach gedopt floss in Strömen nach jedem gewonnenem Turnier, aus dem Pokal. Mein Beitrag war es, den Pot mit Füllung zu bezahlen. War ja im Lokal nicht mein Geld, Loren hatte einen guten Umsatz und ich meine Freude.
Dann kam die Trennung von Loren ganz schleichend. Ich war wieder als Projektleiter in der EDV angestellt und war auch zu Demos und meiner Erfindung unterwegs.

Ein Jahr zuvor war ich nach der Scheidung arbeitslos und in sechswöchiger Kur in Bad Bevensen, wie schon berichtet. Die restliche Zeit hinter dem Tresen im X-Lokal. Loren hatte ihren Wunschtraum, ein eigenes Lokal zu besitzen, mit meinen finanziellen und wirtschaftlichen Kenntnissen am Ziel. Sie kaufte sich Kleider Schuhe, zahlte ihre Schulden ab. Sie war ebenfalls glücklich, denn sie hatte keine Geldsorgen mehr. Das machte sie leichtsinnig.

Eines Tages bat mich mein Vorgesetzter Stefan mit meinem Auto Elektrogeräte von Mannheim nach Karlsruhe, zu holen. Alles schien für mich i.O. zu sein. Wir packten die Videogeräte in mein Auto. Stefan erzählte mir, dass er die Geräte seinen Kunden preisgünstig verkaufen wolle.

Wie angekündigt nahm das Unheil dann seinen Lauf.

Ich hatte mir ja, ein kleines Büro in Karlsruhe angemietet. Dort zog ich mich immer zurück, wenn wir um die Häuser gingen, denn dann hatte ich meistens einen Sitzen. An diesem Abend schlief ich in meinem Büro und wurde jäh aus meinen Träumen gerissen.

Es klingelte an der Haustür und gleichzeitig wurde an die Wohnungstür geklopft.
Ich öffnete verschlafen und war schlagartig hellwach. Vor mir standen zwei Polizisten in Uniform und eine Zivilperson: >> Sind sie Herr Jürgen Brisach <<, fragte mich die Zivilperson und hielt mir ein Schreiben vor die Nase :>> Sie sind wegen Hehlerei, verhaftet <<.
Mir blieb das Herz fast stehen und meine Knie zitterten. Man legte mir Handschellen an und durchwühlte mein Büro und wollte auch noch den Rollladenkasten aufbrechen. Dann gingen wir auf die Straße zu meinen Auto. Der Autoschlüssel vom Jaguar wurde mir abgenommen.

Man brachte mich ins Polizeipräsidium Karlsruhe. Es wurden Bilder und Fingerabdrücke von mir gemacht, so wie ich es aus den Krimis im Fernsehen kannte. Man sperrte mich in eine Zelle ein mit der Bitte, auf ein Blatt Papier mein Wissen zu der Hehlerei der gestohlenen Videogeräte zu schreiben oder eine Aussage zu machen.
Durch die dumme Aussage meines Vorgesetzten, der befragt wurde, ob ihn das nicht stutzig gemacht hätte, dass er die Videogeräte zu einem günstigen Preis bekommen hatte, sagte er:>>Das ihm das schon seltsam vorkam, aber das war ihm egal<<. Für den Schnellrichter war klar: Kein gutgläubiger Erwerb also Hehlerei.

Daraufhin kamen wir in U-Haft nach Heidelberg. Der Traum vom normalen Berufsleben war ausgeträumt. Mein Jaguar wurde beschlagnahmt.
Die Versicherung kündigte fristlos meinen Beratervertrag. Das Schlimme an der Sache war, dass ich zu diesem Zeitpunkt, noch ein Verhältnis mit Sofia hatte, sie war Schwägerin meines Vorgesetzten.

Die Wohnung von Loren und die Gastwirtschaft wurden ebenfalls durchsucht. Bei Sofia die Wohnung und die Kellerräume. Als sie die Werkzeuge ihres verstorbenen

Mannes fanden, betitelte die Polizei die Gegenstände als Einbruchswerkzeug. Sofia war den Tränen nahe.
Aber ein Kollege lenkte ein, Sofia war danach wieder beruhigt.
In der Untersuchungshaft habe ich Vorlagen für Tattoos gemalt und war sehr begehrt. Vier Tage war ich in U-Haft und Loren besuchte mich am Vormittag. Eine Stunde später ließ man mich frei und Sofia holte mich ab. Ich verstand die Welt nicht mehr. Was war das ? Zufall Vorsehung oder Glück, dass es diesen Vorfall gab. Ich war verwirrt und doch innerlich zufrieden.

Sofia und der Hauch des Todes.

Mit Sofia kam das Glück zurück. Das Schicksal hat es gut mit mir gemeint. Denn die Gerichtsverhandlung wegen der Hehlerei war ein Schauspiel. Ich lernte nun auch alle Beteiligten kennen.

Als erster kam Kurt an die Reihe. Personalien, Verdienst und weitere Fragen mussten beantwortet werden. Der angegebene Verdienst war wenig, der Straftagessatz ebenfalls. Dann wurde Bernd verhört, der war mit der Wirtin vom Kranz liiert. Er nannte stolz sein Einkommen und wurde mit einem gesalzenen Straftagessatz belegt. Der Autowerkstattbesitzer Klaus, war ebenfalls nur Angestellter seiner Frau mit geringem Einkommen. Das niedrige Fixum als Versicherungsvertreter und meine Erklärungen verschafften mir, dass das Verfahren gegen mich eingestellt wurde. Die Gründe dafür:
Der beschlagnahmte Jaguar war stark beschädigt und nicht mehr funktionsfähig. Dank meiner juristischen Vorbildung konnte ich dem Richter deutlich machen, dass ich nichts von dem Preis der Videos wusste und im guten Glauben auf Anweisung meines Vorgesetzten gehandelt habe. Das Verfahren wurde gegen mich eingestellt.

Eine neue Zeit brach an.

Für ein neues Auto Marke DB 250 Diesel in gelber Farbe, bekam ich das Geld von Sofia vorgestreckt.

Ich war zwar noch arbeitslos, fand aber schnell eine Stelle in Karlsruhe als Vertriebsbeauftragter in einem Büro-Fachgeschäft. Dort herrschte eine geltungsbedürftige Firmen-Eigentümerin, so dass ich nach einem halben Jahr kündigte.

Eine Weltfirma auf dem Gebiet der elektrotechnischen Apparate für den Medizinbereich und der Forschung suchte einen EDV-Leiter. Meine Reverenzen auf dem Gebiet der Datenverarbeitung reichten für eine Einstellung als EDV-Leiter aus. Hauptaufgabe war das IBM-System im ERP-Bereich aufzubauen.

Der Geschäftsführer Herr Ho war ein leidenschaftlicher RPG-Programmierer und so kam es öfters vor, dass er die Programme, die ich geschrieben hatte, ungewollt modifizierte. Das Ergebnis war, dass am Folgetag nichts mehr lief und er suchte immer den Schuldigen, der war ganz klar ich.

Diese Zusammenarbeit war auf Dauer nicht zu vereinbaren. Um ihm diese Art der Programmierung klar zu machen, fuhr ich übers Wochenende nach München auf die Achema. Ich sollte am Montag darauf wieder in der Firma sein. Unter einem glaubhaften Vorwand, kam ich erst am Dienstag ins Büro.
Als ich mein Büro betrat, saß Herr Ho an meinem Schreibtisch und war ganz blass im Gesicht. Ich fragte ihn, was passiert war und er seufzte:>> Ich weiß nicht mehr weiter, das System druckt keine Betriebsaufträge. Der Fehler muss wohl mit meiner Änderung, die ich am Montag ins Programm eingebaut habe, zusammenhängen. Wollen sie nicht mal nach meinem Fehler suchen, ich finde ihn nicht <<. Mehr wollte ich nicht erreichen.

Von da an änderte Herr Ho keine meiner Programme mehr und ich konnte alle meine Programmerweiterung durchführen.

Man wählte mich, auf Grund der Versicherungskontakte mit Stefan zum Präsidenten eines Fußballvereins. Es waren schöne und lebhafte Zeiten die durch Turniere und Veranstaltungen Sofia und mich, in Anspruch nahmen.

Durch Beziehungen im Fußballgeschäft kam eine Berliner Mannschaft zu einem Freundschaftsspiel nach Karlsruhe.

Manulo nannten sie ihren Trainer und Trikotwart. Wir gewannen haushoch. Als die Berliner mit ihrem Bus abreisten fuhr ich eine Strecke mit. Manulo hatte eine solche Wut, dass er im Bus jeden Spieler anbrüllte. Am Schluss seiner Standpauke sagte er: >> Beim nächsten Training üben wir, wie verhau ich einen Elfmeter <<. Ich hatte genug vom Zuhören. Der Bus wurde angehalten und ich stieg aus.

Unsere Fußballverbindungen reichten über die Grenzen. Es wurde uns die Teilnahme an einem Turnier in Spanien angeboten. Alle sagten zu, also fuhren wir mit dem Bus nach Barcelona. Dort angekommen ging den Spielern am zweiten Tag schon, das Taschengeld aus. Ich wurde fast von jedem um Geld angepumpt. Aber was macht man nicht alles für den Fußball.
Wir wurden vierter von zwanzig Mannschaften. Es war eine neue Erfahrung mehr nicht.

Zuhause angekommen erlebte ich eine Hiobsbotschaft nach der anderen.

Es wurden Schulden gemacht ohne meine Genehmigung.

Neue Trikots sowie Pokale fürs nächste Turnier vom Feinsten? Nicht genug, man erwartete von mir, ich sollte mit der Mannschaft wieder eine Party in meiner Kellerbar veranstalten. Die letzte Keller Partie war mir noch in schlechter Erinnerung. Es war ein Besäufnis der besonderen Art. Hier ein paar Höhepunkte:

Alle alkoholischen Getränke auch die, die zum Verdünnen zu benutzen waren, wurden ausgesoffen. Die Reinigung der Kellerbar war danach eine Zumutung usw.

Ich berief eine außerordentliche Vorstandssitzung ein.
Auch der Spielführer und der Mannschaftssprecher waren zu gegen. Dann platzte meine Bombe.

Ich erklärte meinen sofortigen Rücktritt. Alle waren sprachlos. Das war das Ende von König Fußball für mich.

Sofia war eine leidenschaftliche Camperin und so kam es, dass wir mit einem großen 4 x 4 Meter Nordmann-Steilwandzelt mit großem Vorzelt und 4 Schlafkabinen, zum Goldstrand nach Dänemark fuhren mein Sohn Holger war mit von der Partie.
Der Verwandtschaftsbesuch von Sofia auf dem Campingplatz war nicht angekündigt. Doch bei dieser Gelegenheit, lernte ich alle Personen um Sofia herum kennen. Sie kamen zu viert von Hohenweststaet. Ralf mit Gattin und ihren beiden Kindern Hans und Giesela. Was mir auffiel war, dass Ralfs Frau sich öfters an diesem Tag umzog. Sofia meinte dass das schon immer ein Spleen von ihr war.

Der Kinofilm Rambo I hatte es Holger angetan. Abends warf er sich mit lautem Gebrüll immer auf seine Luftmatratze. Das nervte uns und ich schaffte Abhilfe.
Die Luft wurde aus der Matratze herausgelassen. Er warf sich nur noch einmal auf seine luftleere Matratze.
Dann ein Jahr später fuhren wir nach Belgien zum Zelten mit Holger und Sofia ihrer Tochter Marion. Holger haben wir am Strand bis zum Hals eingegraben und ließen ihn eine Weile zum Schein allein. Er blieb zu unserer Überraschung cool.
Ein Besuch im Legoland war der Abschluss unseres Campingurlaubs. Unser nächster Campingurlaub ging nach Jugoslawien nach Zadar und das Jahr darauf ebenfalls nach Jugoslawien nach Verbowska in der Nähe der Insel Riga. Die Fahrt dorthin dauerte 15 Stunden und war sehr anstrengend, denn der Zustand der Straßen war bei Regen und Dunkelheit eine Odyssee, denn die Schlaglöcher sah man bei starkem Regen nicht, die bemerkte man erst beim Überfahren, denn da krachte es fürchterlich. Ich hoffte nur, dass die Stoßdämpfer diese Schläge aushielten.

Am Zielort angekommen waren wir beide immer k.o.
Das kristallklare Wasser und die Umgebung am Zeltplatz war jedoch der Mühe wert. Obwohl die Campingeinrichtungen vorsintflutlich ausgestattet waren. Zwei Duschen im Freien, primitive Toiletten.
Bei unserem nächsten Urlaub, wechselten wir vom Zelt zum Wohnmobil.
Mit diesem starteten Sofia und ich in Richtung Norden um Sofias, Onkel in Norwegen zu besuchen.
Mit der Fähre von Friedrichshafen aus nach Kristiansand ging es nach Norwegen.

Erste Etappe:

Besuch bei Sofias Onkel Waldemar in Starwange. Er hat eine Norwegerin geheiratet und ist nach Norwegen gezogen. Sie waren ein glückliches Paar. Man fühlte sich sofort heimisch bei Ihnen. Dann ging es weiter zum Gairanger Fjord und Aufstieg zum Predigtstuhl. Ich wollte wissen, ob ich an den Rand des Felsen stehen kann und ca. 900 Meter in die Tiefe sehen konnte ohne dass es mir schwindelig wurde. Ich konnte es problemlos. Der Auf- und Abstieg auf den Predigtstuhl, hatte seine Tücken. Meine gute Kondition reichte nicht aus, wie ich leider feststellen musste. Die Wetterverhältnisse, die eine wichtige Rolle spielten haben wir einfach ignoriert, was ein großer Fehler war.
Der Weg in Richtung Predigtstuhl war sehr gut gekennzeichnet. Mit gelber Farbe waren die Richtungs-Pfeile die den Weg markierten, gut sichtbar. Es ging über große Felsbrocken und schmale Trampelpfade. Die Felsbrocken waren aber nur so hoch, dass man mit einem steilen Schritt nach oben kam. Das Wetter spielte
beim Aufstieg mit. Der Abstieg dagegen war ein Drama.

Es kam plötzlich starker Nebel auf. Die Markierungen waren immer schlechter zu sehen und so passierte es: Wir kamen vom Weg ab. Unsere Kräfte in der Oberschenkelmuskulatur ließen unerwartet nach.

Panik kam bei Sofia auf. Wir machten eine Erholungspause. Danach suchten wir nach einer Markierung an den Felsen und fanden nach einer halben Stunde den Hinweispfeil. Erschöpft und mit zitternden Beinen erreichten wir unser Wohnmobil. Es war überstanden.

Dann ging es weiter nach Bergen dort haben wir Kräcker (Süßwasserkrabben) satt genossen. Bergen ist ein malerischer Ort. Schöne farbige Häuser, toller Fischerhafen, urige Kneipen, dann weiter nach Oslo und nach Lille Hammer. Besuch der Sprungschanze. Dann nach Trondheim. Die Stadt sah für mich aus wie eine Garnisonsstadt. Weiter bis zum Polarkreis. Dort ist ein Museum mit präparierten Tieren von der dortigen Tierwelt. Beeindruckend ist der fast drei Meter große Eisbär auf einem Potest. Vor der Weiterfahrt haben wir in einer kleinen Poststation den Polarkreisstempel in den Reisepass stempeln lassen.

Am Nordkap angekommen zeigte sich die atemberaubende Natur von ihrer schönsten Seite. Die Sonne versinkt nur kurze Sekunden hinterm Horizont. Es war 24 Stunden taghell. Was für eine Faszination! Dann weiter zu dem Land der hundert Seen, Finnland. Die Namen hatten dort manchmal 15 Stellen, wobei die Buchstaben sich mehrmals wiederholten. Was auch sofort auffiel, war das reichliche Brotangebot. Knäckebrot gab es in Scheibenform mit einem Durchmesser von 50 cm und Brotsorten aller Art. Bei der Fahrt nach Schweden fiel uns die ausgelassene Jugend auf. Wild durch die Straßen fahrend mit Personen überladene Cabriolets und alkoholisierte Mitfahrer waren keine Seltenheit. In Norwegen Starwange angekommen wollten wir noch acht Tage bei ihrem Onkel bleiben. Da fiel mir eine gute Ausrede ein. Ich rief meine Firma an und erzählte, wir hätten die Fähre verpasst. Somit war der Urlaub um acht Tage verlängert.

Beruflich gab es weitere Herausforderungen. Die Firma war mit den Programmen von IBM unzufrieden und entschloss sich kurzer Hand auf ein Unix-System umzusteigen.

Mein erster Systemkurs in der neuen Unix-Datenbank-Software war in Münchner. Sofia war mit dabei und verbrachte den Tag mit Erkundigungen in München und Umgebung. Im Hofbräuhaus unterhielten wir uns mit einem Tischnachbar, der ebenfalls Camper war, über die Möglichkeiten in dem damaligen Jugoslawien schön zu campen. Er empfahl und beschrieb uns die Insel Hvar auf der Höhe von Split.

Wir fuhren drei Jahre hintereinander im Urlaub mit dem Zelt nach Splitt und von dort aus dann mit der Fähre nach Starigrad auf die Insel Hvar nach Jelsa

Wir waren von der ersten langen Fahrt sehr müde, fanden etwas spät am Abend einen Campingplatz. Ich las das Schild über dem Eingang – Nudist -, sagte aber Sofia nichts. Andro war der Campingboss. Er zeigte uns den Platz fürs Zelt. Uns fielen fast die Augen zu. Wir machten im Auto die Rückenlehnen auf Schlafstellung und schliefen sofort ein.
Der Morgen kam und Sofia blinzelte in die Sonne, dann sagte sie entsetzt: >> Soeben ist ein nackter Mann vorbeigelaufen, da steige ich nicht aus <<. Sie stieg denn noch aus und wir erlebten eine wunderschöne Zeit nackt wie Gott uns schuf.
Für Essen und Trinken war am Eingang des Campingplatzes ein kleiner Markt von den Einheimischen. Es war lustig anzusehen, wenn die Nudisten einkauften. Die Händler wussten nicht, wo sie hinschauen sollen, denn es gab viel zu sehen.

Wir lernten ein Künstlerehepaar (Johann und Irmgard) aus Österreich kennen.

Beide waren weltoffen und sehr gute Gesprächspartner. Er war der Mann fürs Grobe. Sie fertigte Geschirr aus Ton und war der Kopf des Unternehmens.
Es sollte ein toller Grillabend werden. Johann und ich sammelten Brennholz für den Bodengrill. Tannennadeln sowie Tannenzapfen zum Anfeuern. Ein paar grobe Äste

fehlten noch. Während Johann unter einem morschen Baum Äste suchte, entdeckte ich einen morschen Ast am Baum. Ich schlug ohne Vorwarnung auf den trockenen Ast in der Hoffnung, er bricht ab. Falsch kalkuliert. Der Ast war plötzlich voll Ameisen. Der zweite Schlag von mir verursachte, dass das ganze Ameisenvolk sich im Nacken von Johann wiederfand. Der schrie auf und rannte wie ein geölter Blitz ins Wasser. Er hat mir diese Aktion jedoch verziehen. Wir trafen uns in jeden Urlaub auf diesem Campingplatz. Diese Bekanntschaft haben wir sehr genossen.

Zuhause angekommen, erfuhren wir ein Schreckliches.

Sofias Reihenhaus sollte nach unserem Urlaub bezugsfertig sein.
Wir holten die Koffer aus dem Auto und gingen zum Hauseingang.
Wir trauten unseren Augen nicht. Die Fensterscheiben waren mit schwarzem Ruß bedeckt und es roch nach Rauch.
Was war geschehen? Ein Anruf bei der Baufirma klärte uns auf.
Bei den Bodenarbeiten im Keller hatte der Maler eine spezielle Flüssigkeit aufgetragen. Um diese schnell zum Trocknen zu bringen, stellte er einen Gasheizofen in den Keller und arbeitete in einem anderen Raum. Die Verdampfung des aufgetragenen Materials, erzeugte ein brennbares Luftgasgemisch.
Es gab eine Explosion und der Maler konnte sich, Gott lob, durch das Kellerfenster ins Freie flüchten, sonst hätten wir noch einen Toten zu beklagen gehabt
Der Schaden war erheblich, denn alles war mit feinem Ruß überzogen. Auch die Gegenstände die in den Schränken aufbewahrt waren. Das ganze Haus musste renoviert werden.
Die neu eingebaute Kücheneinrichtung war Schrott die freischwebende Holztreppe ebenfalls.
Nach 8 Wochen konnten wir endlich umziehen. Was für ein Stress.

Wir besuchten das Künstler-Ehepaar auf dem Semmering in Österreich. Dort bewohnten sie einen Gutshof mit großem Eingangstor und ebenso großen Innenhof. Die Bescheidenheit der beiden, die sie im Urlaub an den Tag legten, war beispielhaft, denn zum Landbesitz gehörten auch große Ländereien. Wir waren sprachlos.

Die Industrievertretung HS war Lieferant von Werkzeugteilen für die Produktion in unserer Firma. Herr HS war der Eigentümer dieser Industrievertretung.
Er interessierte sich für meine Arbeit in der EDV und so kam es, dass wir bei einem Gespräch gleiche Interessen hatten.
Diese Gespräche waren für mich der Anfang eines beruflichen Starts in die Chefetage.

HS und ich gründeten eine Software-Firma als Vertriebspartner von IBM. Bei der genannten Weltfirma blieb ich noch so lange, bis das Auftragsvolumen in unserer Software-Firma nur noch mit einem Ganztagsjob zu erledigen war.
Als Geschäftsführender Gesellschafter in der gegründeten Firma genoss ich Ansehen und meine Bekannten waren neidisch.:>> Neid kann man sich erarbeiten <<, sagte mal ein Professor beim meinem Studium zu mir und er hatte recht.

Beruflich ging es aufwärts. Von EDV-Leiter schaffte ich es bis zum eigenen Software-Firma als Geschäftsführender Gesellschafter und Vertriebspartner von IBM.
Wir waren sehr erfolgreich. Nach einem Jahr konnte ich mir ein Jaguar 12 Zylinder kaufen. Alles lief gut. Die Fa. IBM nahm mein entwickeltes Programm im CRM-Bereich in ihre Produktpalette auf und es wurde von bei IBM eine Programmbeschreibung und Prospektmaterial erstellt.
In einer Fachzeitschrift mit 20.000 Stück Auflage waren Berichte von meiner CRM-Software beschrieben.
Ich hatte es bis dahin geschafft.

Um abzuschalten machten wir Urlaub auf Zypern und erlebten wir ein kleines Wunder.
Wir landeten in Nicosia und bezogen ein Appartement in Paphos als Selbstversorger, so war es geplant. Als wir aber die Preise in den Lokalitäten sahen, verging uns der Hunger und Durst. Wir blieben, gegen Aufpreis zum Essen und Trinken in unserem Hotel.
Ein Abstecher ins Heilige Land per Schiff mit Zielhafen Haifa war voller Erwartung.
In einer Manufaktur kaufte ich Sofia einen viereckigen Brillanten. Sie war sehr überrascht.

Weiter ging es nach Jerusalem. Wir folgten den Spuren Jesus. Klagemauer, den Leidensweg Via Dolorosa durch Jerusalem. Bei jedem Absetzen vom Holzkreuz wurde an dieser Stelle ein Altar errichtet. Über die Stelle auf Golgatha wurden eine Kirche mit einem Prunk an Kerzenständern und anderen Bildern und Figuren gebaut. Im Garten Gezemane wachsen jahrhundertalte Olivenbäume. Canaan ist ein Ort der Ruhe und des Lichts. Der See Genezaret liegt eingebettet in eine herrliche Landschaft. Leider ist jede Gedenkstätte ein Jahrmarkt mit Souvenirs. Das erwähnte Wunder geschah am Aphrodites Rock am Meer. Sofia hatte keine Menstruation mehr. Sie zog ihre Schuhe und Strümpfe aus und watete, in der Hoffnung, dass der Sage nach, eine Verjüngung an ihr statt finden sollte, durchs Meerwasser nahe dem Felsen. Durch die groben Steine war ihr Gang sehr unsicher. Deshalb kehrte sie um und kam schnell aus dem Meer.
Auf dem Weg zurück nach Jerusalem, bekam sie plötzlich wieder ihre Tage, damit hatte sie nicht gerechnet. War hier etwas unglaubliches, der Sage nach, geschehen ? Sie hatte nun ein Hygieneproblem, denn es war Sabbat und alle Geschäfte waren geschlossen.
Eine Apotheke hatte die Seitentür auf und Sofia ging in den Laden und bat um Hilfe. Ihr wurden anstandslos die nötigen Dinge ausgehändigt. Von so viel Gastfreundschaft war Sofia überwältigt und stotterte ein Dankeschön.

Wieder zuhause angekommen heiratete meine älteste Tochter Claudia 1990 in Ettlingen den Schlossermeister Jens.

Nach der kirchlichen Trauung gab es eine große Hochzeitsfeier. Claudia war in weiß gekleidet und sah glücklich aus.
Ich hielt eine Rede und dann ging es nach dem Abendessen richtig los. Die Drei-Mann Kapelle brachte die Hochzeitsgäste in Stimmung. Die Braut wurde entführt und wieder gefunden. Jörg aus Cottbus hat mal wieder den Geldbeutel verloren oder besser, man hat ihm seinen Geldbeutel gestohlen ?? Immer das gleiche Theater mit Jörg. Marion war das auch peinlich, dass ihr Freund Jörg mal wieder unangenehm auffiel.
Die Stimmung erreichte ihren Höhepunkt, bis dann unerwartet die Wirtin gegen ein Uhr nachts Feierabend bot. Alle Gäste glaubten ihren Ohren nicht zu trauen.
Das gab es bisher noch nie. Sofia war so sauer, dass sie am Tresen die einsortierten Messer, Löffel und Gabeln, mit viel Schwung mit den Worten:>> Manche werfen mit Konfetti, ich werfe mit Besteck <<. ins Lokal schmiss, so dass das ganze Besteck im Gastraum verteilt war. Entsetzte Gesichter von den Lokalbesitzern. Die Hochzeitsgäste verließen unter lautem Gelächter fluchtartig den Gastraum. Es war aber alles in allem super.

Aus der Ehe von Claudia haben Stefani 1992 und Jennifer 1994 das Licht der Welt erblickt.

Als leidenschaftliche Radler fuhren Sofia und ich mit dem Geländewagen nach Ungarn, denn um den Balaton ist es flaches Land und bestimmt gut mit dem Rad zu fahren. Wir verließen die Autobahn vor Wien und fuhren durch das Helenental an die ungarische Grenze und weiter nach Schorpron in Ungarn. Es war regnerisch und schon viel Betrieb auf der Bundesstraße. In der Nähe von Rababadi passierte das Unglück.

Wir hatten im Geländewagen die beiden Fahrräder dabei. Diese waren hinter der aufgeklappten Sitzbank stabil festgebunden. Es war in einer Linkskurve. Ein LKW nach dem anderen zog an uns links vorbei. Plötzlich tauchte ein weißer Volvo auf meiner Straßenseite zum Überholmanöver auf. Links waren die LKWs rechts eine durchgezogene Leitplanke. Ich konnte nicht ausweichen. Sofia suchte im Handschuhfach nach einem Taschentuch. Erst als ich das Auto nach links zog, bemerkte sie die Situation und schrie laut auf, ich murmelte nur: >> Jeronimo, hoffentlich erwische ich dich richtig <<, sie erfasste das Unheil und schrie abermals, denn sie glaubte ich fahre auf den LKW links neben mir. Aber ich wusste, wenn ich frontal auf den Volvo aufprallen würde, wäre der Aufprall noch stärker und die Knautschzone geringer.

Es krachte fürchterlich, mit der rechten Hand schlug ich durch den Aufprall das Armaturenbrett ein. Der Rückspiegel war am Frontfenster angeklebt. Durch den Aufprall sauste der Spiegel an meinem Kopf vorbei, dann war es auf einmal sehr still, ich hörte nur etwas tropfen.

Sofia schrie laut vor Angst, denn sie dachte das Tropfen wäre Blut, es war aber Regenwasser, das durch die gebrochene Windschutzscheibe heruntertropfte. Sofia hatte den rechten Fuß zwischen dem eingedrückter Scheinwerfer und dem Armaturenbrett eingeklemmt. Zumindest sah es auf den ersten Blick so aus.

Ich zog das Bein sachte aus der Klemme, aber das Knie hatte Prellungen und Schnittwunden. Es war aber nichts gebrochen. Zwei Hämatome an der rechten Brust vom Schaltknüppel waren Handflächen groß. Der Geländewagen hatte die Motorhaube des Volvos bis zu Windschutzscheibe aufgerollt und der rechte Scheinwerfer vom Geländewagen war bis zum Innenraum eingedrückt.

Der Morgenverkehr schlängelte sich um die beiden Unfall-Fahrzeuge. Alle hatten es eilig, keiner hielt an. Nach ca. 20 Minuten hielt ein PKW mit ungarischen Kennzeichen an. Es war ein junger Mann um die dreißig. Er sprach mich in englische Sprache an ob er behilflich sein könnte. Ja er konnte uns helfen, denn er rief übers Handy den Krankenwagen und die Polizei.

Die Polizei war als Erster am Unfallort. Sofia war schwerer verletzt als ich. Zumindest glaubte ich das.

Die Polizei nahm die Personalien von uns und dem Unfallverursacher auf. Danach wollten sie wegfahren. Ich konnte mich kaum bewegen und stellte mich trotz starker Schmerzen vor den Streifenwagen. Der Polizist stieg aus. Was kommt jetzt dachte ich. Aber da kam uns der Ungar zu Hilfe. Ich wollte nur den Namen und die Dienststelle von der Polizei, sagte ich dem Ungarn. Der erklärte den Polizisten mein Anliegen. Gereizt gab er mir ein Fetzen Papier mit der gewünschten Information und stieg in den Streifenwagen ein und fuhr davon.

Dann kam der Krankenwagen mit schrillem Martinshorn. Es war ein alter VW-Bus mit einer Trage aus Stahlrohr, grau gestrichen und grauen Wolldecken für uns, mehr nicht. Also keine ambulante Versorgung im Krankenwagen. Mit Begleitung vom Martinshorn ging es in den nahe gelegenen Ort Shavar. Auf der Krankenhaustreppe erwartete uns das Empfangskomitee. Ein Arzt im weißen Kittel und drei Krankenschwestern. Wie wurden in Rollstühle gesetzt und der Herr Professor prüfte unsere Bonität, indem er die Bank anrief, um das o.k. zu bekommen. An seiner Miene erkannte ich, dass die Auskunft positiv ausfiel. Wir wurden beide geröntgt und danach teilte uns der Professor das Untersuchungsergebnis mit, indem er meinen Scheck mit einem Lächeln entgegennahm.

Die Diagnose war wie folgt:

Sofia hatte zwei Hämatome im Brustbereich. Diese wurden durch den Schalthebel verursacht. Das rechte Knie hatte Schnitte und Abschürfungen. Sie selbst stand immer noch unter Schock. Ich hatte ein Brustbeinanriss und Hämatome links und rechts am Becken sowie Schnittwunden am Hals ebenfalls vom Sicherheitsgurt.

Der Ungar wartete vor dem Krankenhaus auf uns und nahm uns mit in sein Haus und versorgte uns mit einer Gemüsesuppe. Dann holte er einen Trailer aus seiner Garage und erklärte uns, dass er die beiden Unfallwagen auf seinen Hof stellen wollte. Uns war das egal. Doch in mir stieg der Gedanke auf, warum macht er das alles für uns?

Für die Versicherung machte ich ein paar Detailfotos von Sofia und vom Auto. Die Wucht des Aufpralls konnte ich mit einem speziellen Foto beweisen. Die Verankerungen der hochgeklappte Rückbank hatten nur noch einen Millimeter Auflage. Wäre der Aufprall etwas stärker gewesen, dann hätten wir die Rückbank und die Fahrräder ins Kreuz bekommen, Gott sei Dank nicht. Die Fahrräder waren Schrott. Der Inhalt der Koffer im Auto verteilt und zum Teil nicht mehr zu gebrauchen.
Sofia war immer noch nicht richtig ansprechbar. Da dies nicht mein erster Autounfall war, blieb ich gelassener, was in dieser Situation besser war.
Der Ungar fuhr uns dann in ein Hotel am Plattensee, den Ort und den Namen habe ich vergessen.
Die erste Nacht war grausam. Wir konnten nicht alleine laufen, nicht alleine auf die Toilette, denn einer musste dem Anderen beim Aufstehen, hochziehen und stützen. Man gab uns den Tipp, zur besseren Genesung nach Heviz zur fahren. Dort ist ein Natur-See mit Schwefel und radioaktivem Wasser. Wir nahmen uns ein Appartement und schleppten uns jeden Tag an den See, mit Erfolg. Nach vier Wochen Aufenthalt, waren wir genesen. Dies veranlasste uns mindestens einmal im Jahr nach Heviz zu fahren.

Am Bahnhof in Karlsruhe wurden wir wie Filmstars empfangen. Die ganze Familie war gekommen. Blumen wurden uns überreicht und Tränen flossen. Wir waren überwältigt.

Erst jetzt wurde uns klar, dass dieser Unfall auch tödlich hätte enden können. Der Sachverständige stellte fest, dass wenn ich nicht das Fahrzeug schräg gegen den Volvo gelenkt hätte, der Aufprall um ein Vielfaches höher gewesen wäre und der Tod für beide ganz nahe gewesen war.
Daraufhin buchten wir unsere erste große Reise: 3 Wochen nach Sri Lanka. Die Fahrt von Colombo nach Hikadua dauerte 6 Stunden. Es war für uns der Horror.
Die Linksfahrerei löste bei uns immer wieder Schrecksekunden aus, dies galt auch durch die Fahrweise des Busfahrers. Es war ein ereignisreicher Urlaub für uns, für alle anderen nichts Besonderes. Das öfters arrangierte Treffen mit einem Mönch war für mich eine ganz neue Weltanschauung, weil die Lehre von Buddha schon immer mein Denken beeinflusste, was den Umgang mit anderen Menschen betraf.
lernte ich die indirekte Bemühung und was Freundschaft bedeutet. Das Geben und Nehmen hat großen Einfluss auf das Karma.
Am ersten Tag hatte ich ein Erlebnis der besonderen Art. Hikadua ist ein kleines Dorf mit einer Straße die einen befahrbaren Belag aus Teer und feinem Sand hatte. Die Straßenbeleuchtung war spärlich und das Überqueren von einer zur gegenüberliegenden Seite der Straße war sehr gefährlich für uns, denn die Linksfahrer wurden von uns meistens zu spät erkannt, weil wir immer gewohnheitsmäßig erst nach links und dann nach rechts schauen. Dabei erkannten wir die Gefahr von rechts zu spät und nur mit einem Satz zurück auf den Gehweg, konnte ein Unfall mit einem herannahenden Fahrzeug verhindert werden.
An diesem Abend hat uns P. in ein Speiselokal geführt, denn er war hier ortskundig, da er schon mehrere Male hier war. Ich musste auf die Toilette und fand keine. Es war düster auf der Straße und ich hatte einen starken Harndrang der kaum zu

bremsen war. Als ich im Dunkeln in Richtung Meer unsicher tappte und eine dunkle Stelle zum Pinkeln suchte, hatte ich keine Gelegenheit dazu, denn plötzlich stand ich vor einem drei Meter tiefen senkrecht abfallenden Hang. Da ich aber noch in der Vorwärtsbewegung war, konnte ich nicht mehr reagieren und stürzte den Hang hinunter und landete neben zwei Felsbrocken im Strand-Sand. Die Schienbeine waren aufgeschürft und ich krabbelte nach oben zum Gehweg. Mir war nichts passiert, außer ein paar Schürfwunden. Im Dunkeln suchte ich den Eingang des Speiselokals Sofia war entsetzt als sie mich sah. Wahrscheinlich war mein Erscheinungsbild erschreckend. Um einer Infektion in den Tropen entgegen zu wirken, bestellte ich mir eine kleine Flasche Schnaps und goss den Inhalt über meine Schürfwunden. Das brannte wie Feuer. Das Ereignis war für mich danach abgeschlossen. Als wir das Lokal verließen, suchten ein paar Einheimische mit Taschenlampen meine Unfallstelle nach Brauchbaren ab.

Wenn man in Sri Lanka Urlaub macht, muss man unbedingt eine Rundreise buchen. Diese wurde in verschiedenen Varianten von den Einheimischen angeboten.
Die Preise waren unterschiedlich und man wusste nicht wer von den Anbietern hielt, was er versprach. Denn die Gerüchte Küche machte alles noch komplizierter. Atschi vermittelte uns die Rundreise, der Preis war annehmbar und wir fuhren für fünf Tage mit einem Kleinbus mit P. und seiner Freundin nach Candy zu den Teeplantagen und zum Zahntempel. Der Löwenfelsen Sigiriya war ebenso in der Reiseroute enthalten wie das Elefantenwaisenhaus in Pinnawela. Weiter ging es nach Dambulla und Polonnaruwa. Der Botanische Garten mit seiner Vielfalt an Bäumen und Orchideen, sowie die große Akazie mit einer Baumkrone die einem Fußballplatz Schatten geboten hätten, beendete die Reise.
Bei der Rundreise bestiegen wir, also P. und ich, den Sykiri-Felsen. Es war sehr anstrengend. Als wir oben auf dem Plateau ankamen, hatte P. keine Gesichtsfarbe mehr, denn der Felsen ist ca. 400 Meter hoch und man musste an der steilen

Wand entlang über die verrostete Stahlleiter sich hochziehen. Das ging voll auf die Oberschenkel und auf die Herzpumpe. P. hatte sich sichtlich übernommen. Um den Abstieg machte ich mir große Sorgen, aber es ging alles glatt, da P. sich wieder gefangen hatte.

In Candy besuchten wir den Zahntempel. Dort soll der Zahn vom Buddha als heiliges Überbleibsel aufbewahrt sein.
Das Waisenhaus der Elefanten hat mich sehr beeindruckt. Die Elefantenkinder waren hüfthoch und drängten sich an uns, um mit ihrem Rüssel in unseren Hosentaschen nach Süßigkeiten zu suchen. Ich fragte einen Wärter, welche Kraft so ein Elefantenkind hat und war über seine Information bass erstaunt. Zwanzig Männer können den Kleinen an einem Strick nicht zurückhalten.
Die Strandspaziergänge waren in der Dämmerung nicht nur romantisch, sondern auch voller Ereignisse, die man nicht vorher sehen konnte.

Denn plötzlich sprang ein zierliche Mann auf uns zu und säuselte in schlechten Englisch:>> Ein Joint oder was anderes<<. Ich ging schnell zwei große Schritte auf ihn zu. Das reichte um ihn zu verjagen, denn wir waren für die Singalesen auf Grund unserer Figur Elefanten (Alia).
In einer offenen nicht überdachten Bar am Strand bestellten wir zwei Getränke und machten es uns gemütlich. Die Ruhe währte nicht lange. Unaufgefordert nahm ein unrasierter Typ an unserem Tisch Platz. Ich konnte nichts Beunruhigendes an ihm feststellen. Was sich aber nach dem vierten Drink schlagartig änderte. Er erzählte uns, dass er bei der Legion war und eine hier verheiratete Frau als Freundin hatte. Nicht genug, er fing, an bei Sofia Annäherungsversuche zu machen. Was tun dachte ich ?
Da fiel mir ein Ratschlag meines Adoptivvater ein:>> Fange nie einen Streit an, gehe immer weg von solchen Typen, zahle lieber ein Getränk. Wenn es aber klar ist, dass der Typ um jeden Preis Streit sucht, dann sei der Erste<<.

Ich war der Erste. Wie bei der Selbstverteidigung erlernt, packte ich ihn am Gurgelkopf. So dass er keine Luft bekam. Er erschrak und war total überfordert, denn damit hatte er nicht gerechnet. Übrigens Sofia auch nicht. Ich ließ ihn los und er verschwand ohne Worte in der Dunkelheit.

Am Strand war eine kleine Imbissstube, dort lernte ich den Hamburger Karl kennen. Zur vorgerückter Stunde und dem nötigen Alkoholspiegel buchten wir bei wildfremden Personen einen Hochsee-Törn. Wir mussten am frühen Morgen um 6 Uhr am Strand sein, wo das Schiff auf uns wartete. Es war ein alter klappriger Kahn aus Holz mit einem Dieselmotor der einen unangenehmen Gestank verbreitete. Die Mannschaft bestand aus einem zugekifften Skipper und zwei abgemagerten Gehilfen. Der Weg aufs Meer führte durch eine enge Ausfahrt aus der Lagune. Der Seegang war nach der Durchfahrt auf ca. drei Meter hohe Wellen angestiegen. Ich saß vorne am Bug und grinste die Gestalten an. Mir kam es so vor, als ob die Schiffsmannschaft uns auf Seetauglichkeit prüfen wollte. Das Urteil fiel positiv aus und wir stachen in See. Karl hatte zwei Sechspack Dosenbier dabei, das kam ganz gut an bei den beiden dürren Gestalten, die nur französisch sprachen. Ich hatte Glück, denn Karl konnte fließend Französisch. Er fragte nach den Ködern und dem Angelzeug. Es war betretene Stille. Mir schossen die unmöglichsten Szenarien durch den Kopf. Aber meine Befürchtungen waren notwendig. Man drückte uns eine Spule mit aufgewickelter Angelschnur mit 100 Gramm Blei am Stahlvorfach in die Hand und stellten uns einen Eimer mit Calamari als Köder zur Verfügung. Wir verbrachten den ganzen Nachmittag auf dem Schiff und kamen bei sinkender Sonne wieder zurück. Sofia war sehr unruhig und hatte das Schlimmste angenommen. Unseren Fang haben wir aufgeteilt und uns blieb noch genug Fisch zum Grillen übrig.
Atschi brachte uns an eine Mondstein Mine. Dort graben die Menschen mit Eimern in einem tiefen Loch nach Edelsteinen. Der Besitzer der Mine führte uns in seinen Verkaufsraum. Dort war alles vom Feinsten. Es wurde uns Tee gereicht und

leichtes Gebäck. Ich hatte den Eindruck der Minenbesitzer kokste, denn er zog immer die Nase hoch und rieb kräftig an den Nasenflügeln. Sofia und ich wurden fündig und ich kaufte einen 15 Karat blauen Topas. Diesen Stein wollte er mir persönlich ins Hotel bringen lassen, weil ich nicht so viel Bargeld bei mir hatte. Er kam mit einem alten Bentley vorgefahren und wurde vom Hotelpersonal sehr respektvoll begrüßt.

Atschi war einundzwanzig Jahre und wich nicht mehr von unserer Seite. Er organisierte alles: Schildkrötenfarm, Silberschmiede, Buda-Anhänger aus Gold und zum Schluss fragte er P. und mich, ob wir einen Hausbau im Urwald für ihn und seine Familie bezahlen wollen, denn die Baupläne legte er uns bei dieser Frage auf den Tisch. Das ging für unsere Begriffe entschieden zu weit.
Beim Abschied stand Atschi am Bus und überreichte uns ein paar kleine Geschenke als Dankbarkeit für die schöne und für ihn lukrative Zeit. Wir waren die einzigen, die beschenkt wurden. Wie wir später erfahren haben, starb Atschi an Aids, was bei seinen vielen weiblichen Touristen auch zu erwarten war, denn Atschi versorgte die ganze Familie und wohnte in einem kleinen Haus, das eine deutsche Frau ihm zur Benutzung zur Verfügung gestellt hatte. Atschi zahlte dafür in Naturalien, wenn sie ihn einmal im Jahr besuchte.

Durch den genannten Unfall in Ungarn sind Sofia und ich mindestens zwei Mal nach Heviz zur Kur gefahren.

Einmal nahm Sofia ihre Tochter Marion nach Heviz mit. Sie war gerade mal 18 Jahre und sehr lebenslustig. Beim Nachtessen im Lokal lief immer dieselbe Prozedur ab. Sofia und ich bestellten unser Essen, Marion hatte keinen Hunger. Kaum stand das Essen auf dem Tisch, holte sie eine Gabel und fischte sich das Beste von unseren Tellern: >>So geht das nicht weiter<<, sagte ich und sie bestellte dann mit uns ihr Essen. Beim Trinken das Gleiche. Lass mich mal den Schnaps probieren. Es blieb nicht bei einem Schnaps. Wir hatten die ersten acht Tage immer abends Schlagseite. Es war aber sehr entspannend. Einen Ausflug mit dem Auto in ein Dorf. Dort haben wir eine Kirmes besucht. Wir waren um Jahre zurückversetzt worden: altes Kettenkarussell, alte Schießbuden und Bauernmarkt. Hello Hello, so wurden wir von den Zigeunern angelockt. An einer Schießbude versuchte ich mein Glück. Ich wollte Rosen schießen und traf nichts. Nach 20 Schuss gab ich auf. Man schenkte mir als Trostpreis Haarwaschmittel, toll.

Der Frust musste heruntergespült werden. Wir fanden eine kleine Kneipe mit Zittermusik, das hörte sich gut an und wir kehrten ein.
Das Essen war einfach aber gut. Die Schnäpse umso besser. Der Wirt schleppte mich in seine Küche und goss mir reichlich Schnaps ein.
Das hatte Folgen. Ich war abgefüllt und ruhiggestellt. Der Wirt machte Marion schöne Augen, das gefiel der Wirtin überhaupt nicht und es kam zum Streit.

Es war höchste Zeit das Lokal zu verlassen. Wir schleppten uns zum Ausgang. In der frischen Luft angekommen, hatte ich keine Beine mehr. Ich sackte einfach zusammen. Der Schnaps forderte seinen Wegzoll. Die steile Treppe hoch zum Appartement war wie Bergsteigen einer Seilschaft. Ich wurde hochgeschoben, Sofia und Marion zogen sich am Treppengeländer unter lautem und viel Gelächter hinauf
nach oben in unsere Ferienwohnung.

Im Schlafzimmer angekommen, ließen mich die Damen einfach los. Ich fiel wie ein Baum um und landete mit dem Gesicht auf den Boden. Marion murmelte noch: >>lass ihn doch einfach liegen<<.
Besoffene und kleine Kinder haben bekanntlich einen Schutzengel. Dies traf bei mir zu. Ich wachte auf mit Blut verschmiertem Gesicht und wunderte mich wo das Blut herkam. Die Nase und der Rachen waren ebenfalls teilweise mit Blut gefüllt. Nach kräftigen Nasenputzen war alles o.k.

Am Tag danach wurde die geplante Kur angetreten. Diese Kur bestand aus Baden im Thermal See und Schlammpackungen an den zu behandelten Stellen. Am Abend ein Gläschen Wein und Wanderungen zu den bekannten Weinlokalen in den Weinbergen. Ein steiler etwa 50 Meter langer Anstieg, dann kam eine Lokalität nach der anderen, rechts und links vom Weg. Die Weinlokale hatten kleinen Imbissmöglichkeiten. Die Stimmung war beim lustigen Müller immer auf dem Höhepunkt. Wenn man bei der Erika einkehrte, hatte man von der Terrasse aus einen herrlicher Ausblick übers Heviz-Tal. Der Heimweg war laufen oder mit dem ToTo zurück zum Hotel fahren. Das Toto sah aus wie ein Bähnchen für eine Sightseeing Tour.

Meine Tochter Marion war jünger als Claudia und heiratete 1993 in Cottbus.

Es war eine Märchenhochzeit: Kutsche vor dem Standesamt. Offenes Cabriolet. wunderschön gelegenes Lokal mit einem großen Tanz- und Speisesaal. Die Feier begann mit Kaffee und Kuchen und endete mit opulentem Dinner. Es wurden Reden geschwungen. Ich war auch unter den Rednern, dann kam der Feuerwehrverein und zu vorgerückter Stunde die Narren. Es wurden zweideutige Lieder vorgetragen und zum Abschluss schoss man mit der Konfettikanone. Dies hatte unerwünschte Folgen. Das Konfetti war zusammengeballt wie eine Kugel. Eine Bescherung ließ nicht lange auf sich warten. Nach dem zweiten Schuss gegen die Lokaldecke, war es geschehen. Plötzlich löste sich eine Decken-Paneele und traf beim Herabstürzen Gerd (Marions Schwiegervater) am Kopf. Alles war in Aufregung, aber es floss kein Blut. Der Alkohol stillte den Schmerz. Gerd ging es gut. Ende gut alles gut.

Gerd hatte, was die Übernachtung der Gäste betraf, alles organisiert. Mit der Besitzerin vom Gästehaus, wo wir untergebracht waren, hatte Gerd noch ein Hühnchen zu

rupfen. Es hatte sich vor geraumer Zeit folgendes, geschäftliche zwischen Fr.Heuer und Gerd, zugetragen.
Frau Heuer hatte von der Firma, die Gerd gehörte, ein Angebot ausarbeiten lassen, das den Auftrag beinhaltete, ein Haus in der Mitte zu zersägen, denn die Fa. von Gerd lief unter dem Motto Trennen, Sägen, Bohren, von Stein und Mauern mit Diamant. Es kam nie zum Auftrag. Sie hatte Gerd auf den Arm genommen, also verarscht, wie man bei uns sagt. Das saß tief bei Gerd und ich sollte ihn rächen.
Gesagt getan, ich ließ mir was einfallen.

Nach dem Frühstück und der bevorstehenden Heimreise von uns, fragte ich Frau Heuer ob sie für uns noch eine weitere Übernachtungswoche eingeplant hätte. Ihr Gesicht wurde bleich und sie stotterte:>> Was , noch eine Woche mit 4 Personen hier übernachten.<<, ich legte, wie mit Gerd besprochen los:>> Verdammt noch mal, ich hatte das Buchen der Zimmer mit Gerd abgesprochen und er sollte die Buchungen an sie weitergeben<<: Frau Heuer war total verstört und erklärte mir, dass sie bereits für Gäste von Telekom die Zimmer reserviert hatte. Sie sah mich ratlos an und ich konnte nur schwer das Lachen unterdrücken. Ich erhob meine Stimme und sagte:>> Immer das Gleiche mit Gerd, nichts kann er. Da muss ich Gerd gleich anrufen und ihn fragen, wo er seine Gedanken hat<<. Frau Heuer beschwichtigte mich von diesem Anruf keinen Gebrauch zu machen. Sie werde alles regeln, versprach sie mir. Doch es war zu spät, ich hatte Gerd bereits am Telefon. Die Show begann. Gerd fragte mich:>> Schaut sie zu wie du telefonierst<<, ich bestätigte die Situation. Er sagte:<< Dann mal los<<.
Ich holte tief Luft und legte los:>> Immer das Gleiche mit dir, ich habe die Faxen dicke, wie soll das jetzt weiter gehen<<. Heuer fuchtelte mit den Armen in der Luft herum, um mir zu zeigen, ich solle auflegen. Den Gefallen tat ich natürlich auf Geheiß von Gerd nicht und ich legte noch einen drauf und schrie ins Telefon:<< Das ist ja nicht das erste Mal, dass du nichts hinbekommst<<. Heuer war der Ohnmacht

nahe, Gerds Firma buchte viele Zimmer bei ihr. Sie sah zuzusagen, dass die Buchungen für die Zukunft von Gerd ausblieben. Ich sah sie noch den Raum verlassen und hielt den Hörer noch am Ohr.
Da plötzlich tauchte sie auf und erklärte mir:>> Alles o.k. die Zimmer sind für uns frei<<. Nach diesen Worten übergab ich, wie mit Gerd abgemacht, den Telefonhörer an Frau Heuer, mit den Worten:>> Gerd möchte mit ihnen noch sprechen<< Ich hörte Gerds lautes Lachen, den Rest leider nicht mehr, aber ich konnte an ihrem Gesichtsausdruck ablesen was da gesprochen wurde. Sie sagte am Schluss zu Gerd:>> Jetzt sind wie beide quitt<<, bevor sie den Telefonhörer auf die Gabel knallte.

Aus dieser Ehe von Marion und Jörg wurde Paul 1994 geboren.
Diese Ehe in Cottbus war durch geschäftliche Belange nach 9 Jahren gefährdet. Denn Ihr Mann war mit seiner Firma verheiratet und selten zu Hause. Es folgte die Trennung und Scheidung.

Sofia Schwager Stefan hatte neben seinen Versicherungen, das Kleingartenlokal die "Traube" gepachtet. Sofia half ihm hinter der Theke und im Service aus. Es dauerte kein Jahr und Stefan gab das Traube-Lokal an Sofia ab. Jetzt war sie Pächterin. Das Lokal hatte 40 Sitzplätze und eine 4 Meter lange Theke.
Zu diesem Zeitpunkt arbeitete ich als Geschäftsführer in meinem Softwarehaus.

Durch die Auflagen von IBM, (Zusätzlicher Vertrieb von Hardware und festgesetzte Anzahl der HW pro Jahr), lösten wir das SW-Haus auf und ich wechselte in ein Großunternehmen als Controller EDV-Abteilungsleiter und wurde dort nach zwei Jahr in die Geschäftsleitung mit Bankvollmacht berufen.
Nach meiner Trennung von Siggi hatt Siggi und Josef geheiratet. Nach ihrer Hochzeit 1980 hatten Siggi und Josef

wenig Zeit für Holger. Seine Fähigkeit im Fußballverein als Mittelstürmer wurde nicht beachtet. So kam er mit den entsprechenden Freunden auf die schiefe Bahn. Es fing alles harmlos an. Erst normale Zigaretten rauchen, dann Cannabis, dann selber Verkauf von Rauschmitteln. Dies hatte verheerende Folgen für Holger. Er brach zwei Lehren ab und war bei einer Größe von 1,85 bis auf 65 Kg abgemagert. Die Tragik erreichte ihren Höhepunkt, als er auf offener Straße von einem Dealer vor seinem Stammlokal mit einer Schrotflinte angeschossen wurde.

Holger heiratete mit 25 Jahren nach seiner schweren Zeit 1996 Katja.

Die Trauung fand im Rathaus Ettlingen statt und danach ging es zur Hochzeitsfeier in die Wohnung von Holger. Man hatte sich viel Mühe gemacht, was das Essen betraf. Die Eltern von Katja sah ich zum ersten Mal. Mir schien die Familie ein wenig abgefahren, aber es war Holgers Entscheidung. Von mir bekam das Paar als Hochzeitsgeschenk, eine Einbauküche, die ich aufgrund meiner beruflichen Stellung in einem Möbelhaus preisgünstig erworben hatte.

Aus dieser Ehe erblicken Annalena 1997 und Nicolas 2003 das Licht der Welt.
Nach turbulenten Ehejahren ließ Holger sich scheiden und lebt heute wieder mit seiner geschiedenen Frau Katja zusammen. Die Familie zog in die Pfalz. Ich habe leider keinen regelmäßigen Kontakt mit ihm und seiner Familie. Nach meinen letzten Informationen ist Holger in einer Entziehungskur und die Familie plant einen Umzug nach Freiburg.

Round the World.

Meinen fünfzigsten Geburtstag erlebte ich in den Wolken in der Business Class in Richtung Südsee. Mein Jugendtraum hatte sich erfüllt. Mein Unterbewusstsein hatte ganze Arbeit geleistet. Als Junge in der Volksschule malte ich Bilder von einem Strand mit Palmen und vorgelagerter Insel am Horizont.

Im Alter von 50 Jahren konnte ich für uns beiden eine Weltreise bezahlen:

Einen Trip in der Business Class " Round the World " so verlief unsere sechswöchige Reiseroute:

Start : Frankfurt

China – Stadt - Hong Kong

Neuseeland - Stadt - Aukland ,

Fidschi – Insel Viti Levu Städte - Nadi , Suva , Inseln - Januka , Tokoriki ,

Tonga - Stadt, Nukoalofa

Framzösich Polynesien
Südsee - Inseln, Tahiti – Stadt , Papete , Morea , Reiratera
Huahine , Bora Bora ,

Los Angeles

Ende : Frankfurt

Zur Erinnerung:

Im Kleingarten-Lokal Traube malte ich Bilder von der Südsee und erzählte jedem der es wissen wollte, dass ich eine Weltreise machen werde. Man hat mich ausgelacht, so nach dem Motto, von was denn, der hat doch kein Geld. Aber zum fünfzigsten Geburtstag, hatte ich so viel Geld gespart um mir die Weltreise, zusammen mit Sofia leisten zu können.

Die Macht des Unterbewusstseins hat für Erfüllung meiner Träume gesorgt. An anderer Stelle in meinem Leben ist ähnliches passiert.

Der Jumbojet hob Ende Januar 1995 um 20:00 in Richtung Hongkong vom Frankfurter Flugfeld ab.

Sofia und ich saßen in der oberen Etage vom Jumbojet in breiten Ledersesseln, die mit einem beweglichen Fernsehschirm ausgestattet waren, in der Business Class und sahen das Abendrot über Frankfurt. Wir wurden reichlich verwöhnt und aufmerksam bedient. Da die Flugrichtung gen Osten verlief, war der Flug bezüglich der Schlafgewohnheiten optimal. Wir erwachten gegen 10 Uhr und waren gut ausgeschlafen.

Unter uns erkannte man die Hochhäuser und die große Hafeneinfahrt von Hongkong, dann begann der Kunstflug, durch die Hochhäuser. Das Flugzeug neigte sich in 45 Grad auf die linke Seite. Wir konnten die Bewohner in ihren Wohnungen sehen. so dicht flog der Riese an den Fenstern vorbei. Es war aufregend und spannend zugleich.

Hongkong ist eine brodelnde Weltstadt und sieht von der Vogelperspektive aus wie ein Nagelbrett. 6000 Taxis, eine übersichtliche Streifenanzeige für die Verkehrslinien, schillernde Reklameschriften, grelle Farben und ein Menschenstrom bei Tag und bei Nacht.

Die Hotelzimmer waren klein wie ein Puppenzimmer und auf dem Dach war ein großer Swimmingpool.

Wir waren im Jademarkt, dort kaufte ich mir einen kleinen Buddha aus Jade. Diesen Glücksbringer trage ich heut ab und zu noch, dann haben wie den Vogelmarkt besucht. Dort kann man massenhaft Hühner sterben sehen. Es gibt direkt an der Straße riesige Aquarien mit hunderten von lebenden Langusten. Der Kunde zeigt auf ein Tier, dieses wurde in der Mitte zerhackt und dem Kunden in Papier eingewickelt und so verkauft. Hängende Schweine von Fliegen übersäht an der Eingangstür der Metzgereien.
Auf der Straße kann man am Tisch grillen. Es sind Gasgrills auf jedem Tisch. Das Essen weckte unser Interesse. Wir bestellten ein Grillmenü und ich habe mir, beim Umdrehen der Fleischstücke, die Finger verbrannt. Wir machten einen Abstecher mit der Fähre zur Insel Landau und dann mit dem Bus zum goldenen Buddha. Überall klang die chinesische Zupfmusik. Auf der Insel Landau ist ein überdimensionaler Buddha aus Gold zu dem man 120 Stufen hoch steigen muss. Man wird umringt von Souvenirs in meist grellem Rot. Die rote Farbe findet man fast überall.
Bei den Taxipreisen muss man aufpassen, denn bei einer Fahrt zum Jademarkt war die Rückfahrt doppelt so teuer.

Mein Geburtstag in den Wolken im Air-Neuseeland Jet war romantisch und unverhofft zugleich, denn der Steward summte mir Happy Birthday ins Ohr und reichte Champagner und Filetsteaks auf weißem Porzellan.

Das nächste Ziel war Neuseeland in die Hauptstadt Aukland. Dort waren die Hotelzimmer riesen groß.
Der Hafen war sehenswert. Man sah tolle Jachten und Segelboote. Bargeld war im Lokal nicht erwünscht, es wurde mit Visakarte bezahlt. Die Ausflüge die wir unternahmen, waren alle zu Fuß. So konnten wir die verschachtelten Autostraßen und die pompösen Bauten besser betrachten.

Weiter ging es nach Fidschi. Der Flughafen auf der Insel Viti Levu in Nadi war mit einer extrem kurzen Rollbahn ausgestattet, so dass wir bei der Landung in die Sicherheitsgurte gepresst wurden. So stark war die Bremswirkung.

Mit dem Bus fuhren wir zum Resort nach Januka-Island. Es war spät am Abend und wir waren todmüde. Trotzdem ist mir aufgefallen, wie die Empfangsdame unsere 20 kg schweren Koffer lässig auf den Trailer warf als ob es Handtaschen wären.

Das Nachtessen war vorzüglich. Am nächsten Morgen, erkundigten wir das Resort. Tolles Wasser, super Abendrot usw. Die Menschen waren gemütlich und sehr freundlich, denn sie riefen von weiten schon den Gruß: >> Bulla Bulla <<. Die Kinder waren sehr zurückhaltend, das Klima super. Die meiste Zeit verbrachten wir am Strand mit Muschelsuchen und wurden fündig. Eine Zeitungsseite große Mördermuschel kam beim Ausgraben, im fast schneeweißen Sand, ans Tageslicht. Hätte man diese Muschel mitnehmen können, das wäre ein auffallender Blickfang in der Wohnung gewesen.

Ich hatte ja von Freddy erzählt und wusste aus einer Fernsehreihe, dass Freddy das Königshaus belieferte und ein Lokal in Nukualofa auf Tonga hatte.

Also flogen wir nach Tonga um Freddy zu besuchen. Am Flughafen fragte ich in Nukualofa einen Taxifahrer nach Freddy, indem ich Freddy beschrieb. Wir fuhren los. Der Taxifahrer hielt vor einem Lokal und wir traten ein. Ein großer blonder Mann kam uns lächelnd entgegen. Ich hatte dem Taxifahrer von einem schwarzhaarigen kleinen dicken erzählt ?

Der blonde Hüne konnte deutsch und kannte Freddy persönlich. Er rief Freddy an um sicher zu sein, dass er in seinem Lokal war. Er war da. Jetzt wurde es spannend.

Mit einem anderen Taxi fuhren wir hin. Das Lokalschild war Freddys Handschrift. Wir hatten sein Lokal gefunden.
Im Lokal war nicht viel Betrieb und wir setzten uns an einen Ecktisch, um zu beobachteten was jetzt passiert. Freddy war nicht zu sehen, doch plötzlich stand er im Lokal und setzte sich auf einen Stuhl und las eine Zeitung. Sein Blick ging immer wieder zu uns herüber. Da stand er plötzlich auf und kam auf uns zu: >> Dich kenn ich doch<<. Er war so was von erstaunt, als ich sein Gedächtnis auffrischte.
Er stellte uns seine Freundin vor und sagte:>> Das ist mein Schokolädchen<<.In den drei Tagen waren wir nur unterwegs und hatten uns viel zu erzählen. Unser Besuch bei Freddy war schnell Stadtgespräch. Der Grund war, dass niemand sich richtig vorstellen konnte, dass man so viel Geld für einen Besuch bei seinen Freund ausgeben konnte.

Am letzten Tag gingen wir noch einmal aus und besuchten den blonden Hünen. Der hieß auch Freddy und hatte natürlich kein so tolles Auto wie Freddy: (Camaro 5 Liter). Diese Karre rief die Neider auf den Plan. Vor dem Lokal versammelte sich eine kleine Gruppe von Neugierigen. Freddy beeilte sich, uns in sein Auto zu schieben und raste los. Im Auto sagte er: >> Das war knapp<<. Ich wusste nicht, was er meinte, wurde aber von ihm schnell aufgeklärt:>> Wir sind nicht die ersten die man hier schon überfallen hatte<< sagte er, denn es gibt so viel Menschen ohne Einkommen hier. Der König hat die Leute ins Land gerufen und jetzt sind sie ohne Arbeit und haben auch nichts für die Rückreise gespart.

Den letzten Abend verbrachten wir in unserem Hotel. Beim Abendessen unterhielten wir uns mit einem jungen Pärchen. Er vermittelte den Eindruck, dass der Besuch in Tonga nichts Besonderes wäre, da sie schon viel gereist seien. Wir hielten uns zurück und dachten nur, du Angeber. Beim Einchecken stand er mit seiner Frau in einer langen Warteschlange. Wir liefen an ihnen vorbei zum Business Class - Schalter.
Den beiden fiel die Kinnlade nach unten.

Dass Tonga diese Sachlage der oneway-Ticket sehr ernst nahm, zeigte sich an einem Vorfall am Checkin-Schalter.
Ein Pharma-Vertreter musste ein Flugticket nach Fidschi noch einmal kaufen, obwohl er ein Ticket hatte aber nicht bei sich, sondern im Hotel in Suva. Wer ohne Ausreise Ticket innerhalb von Tonga fliegen wollte, musste nachweisen, dass er ein Ausreise-Ticket hatte.

Die Reise ging wieder zurück nach Fidschi. In Nadi wieder angekommen ging es aufs Schiff. Das Boot hatte 35 Passagiere und kreuzte zwischen den Fidschi Inseln innerhalb dieser 5 Tage und machte an den Traumstränden halt.

Zum Geburtstag von Sofia, habe ich mir was Besonderes ein fallen lassen.

Sofias Geburtstag wurde am Strand und auf dem Schiff gefeiert. Am Strand wollte die Schiffsmannschaft, dass jeder Passagier zu Ehren von Sofia ein Lied aus seiner Heimat singen sollte. Die Japaner sangen das erste Lied, was keiner verstand. Dann kamen die Engländer dran. Das Lied klang sehr militärisch. " Die Alten – Rittersleut " wurden von mir vorgetragen, was die zwei Ehepaare aus Deutschland mit lautem Beifall begleiteten.
Der Koch hatte Sofia eine Torte gebacken, die sie unter den Passagieren und der Mannschaft verteilte.
Auf dem Schiff trank ich zum ersten Mal Kawa. Das Getränk sah aus wie schmutziges braunes Spülwasser. Es verbreitete aber ein beschwipstes und zufriedenes Gefühl. Sofia behauptet, dass ich grinste, nicht mehr sprach und mit der Umwelt zufrieden war. Es war ein bisher nicht dagewesenes Glücksgefühl.

Tolle und eindrucksvolle Tage folgten. Abend für Abend spielten drei Mann von der Crew zum Tanz auf. Jede Dame, ob alt oder jung wurde zum Tanz von den Männern der Crew aufgefordert. Ein Höhepunkt war der Bodenofen. Es wurde ein Loch gegraben und mit Palmblätter ausgeschlagen, dann

kam das Fleisch in den Ofen und darüber Kokosschalen die angebrannt wurden. Das Essen schmeckte köstlich.
Der Abschied vom Schiff war ergreifend feierlich. Die gesamte Besatzung stellte sich im Bordcasino zu einem Halbkreis auf. Das Abschiedslied von Fidschi wurde gesungen und mit Gitarre begleitet.

Dann ging es mit Helikopter weiter auf die Insel Tokoriki. Das war das Nonplusultra. Der Flug war wie Ballon fahren. Der Helikopter flog ca. 15 Meter über die smaragdgrünen Wellen, einfach herrlich. Man konnte den ganzen Fischreichtum bewundern.
Plötzlich taucht eine Lagune in Form eines Rochens auf. Es war ein Anblick wie im Märchen. Der mittlere Bereich war cremefarbig und an den Rändern ins hellblaue gefärbt. Von weitem sah man die Bungalows. Der Abstand betrug ca. 20 Meter voneinander. Ein flach ansteigender Berg schützte die Gebäude.
Der Helikopter setzte sanft auf einem tennisplatzartigen Rasen auf. Das Empfangspersonal erwartete uns bereits.
Es war selten das Gäste mit dem Heli landeten. Die Geste der Chefin war dementsprechend sehr höflich. Die Chefin sprach gutes Englisch und begleitete uns zu unserem Bungalow.
Die Inseln waren von vorgelagert Korallenbänken umramt. Jeder Bungalow hatte zwei Räume mit separatem Bad und Toilette und einen Privatstrand je Bungalow. Alles völlig ruhig am Meer. Abends gab es neben dem reichhaltigen Buffet noch Hausmusik. Jeder neue Gast wurde mit Namen im Lied begrüßt. Es war wie im Paradies. Der Abschied war mit viel Gefühl und Hingabe. Ein Musiker spielte auf der Gitarre: >>Auf wiedersehn<<.
Die Noten und den Text hatte ich ihm am Tag zuvor aufgeschrieben. Es war ein herzzerreißender Abschied.

Weiter ging es mit dem Schnellboot zurück nach Nadi auf die Hauptinsel Vitti Lewo von Fidschi.

Das Flugzeug wartete auf uns, den bei der Business Class, wird auf die Passagiere gewartet. In der Lounge für die Business Class wurde Tee und Kaffee mit Gebäck gereicht. Die Einrichtung war in dunkelblau gehaltenen. Die Sessel gut ausgestattet und sehr gemütlich.

Die Maschine hob ab in Richtung Tahiti. Die vielen Inseln und das blaugrüne Meer mit den Korallenbänken, waren für den Betrachter eine Augenweide. Der Lautsprecher im Flugzeug kündigte den Landeanflug auf Tahiti an. In der Eingangshalle von Papete spielte eine Viermannkapelle zur Begrüßung Südseemusik.

Unsere Empfangsdame setzte ein breites Lächeln auf und uns wurden echte Blumen und Muschelkränze um den Hals gelegt. Dann wurden wir mit einem Kleinbus zum Royal-Beachcomper-Hotel gebracht. Hier war alles anderst als auf Fidschi. Meine Visakarte wurde geschickt auf Bonität geprüft. Man lächelte professionell und lenkte ab. Dann schlagartig überschwängliche Freundlichkeit. Mit einem Elektroauto wurden wir durch die blumenreiche Anlage gefahren. Nach zehn Minuten parkte das E-Mobil vor unserem Oberwasser-Bungalow. Eine Übernachtung kostete DM 1350,00, das konnte ich mir leisten. Wir blieben vier Tage. Das Unterhaltungsprogramm war vielseitig und wurde von hübschen Menschen vorgetragen. Die Musik erinnerte an den Film Meuterei auf der Bounty. Die Tänze wurden mit einem tollen Hüftschwung der Frauen und vielsagenden Arm- und Handbewegungen begleitet. Die große Bar im Pool war ein Hingucker. Der Pool war mit Süßwasser gefüllt und der Rand meerseitig so gestaltet, dass man glaubte, im Meer zu baden.
Von unserem Bungalow aus konnten wir direkt über einen kleinen Treppenabgang ins Meer, herrlich.
Die dreieckige Badewanne war aus Glas und man konnte den Fischreichtum beobachten. Der Speisesaal und die Bungalows, waren nur aus Naturholz, die Vorhänge als Raumtrennwand aus lauter kleinen weißen Muscheln.

Es wurde kein künstliches Material verwendet. Handteller große Hibiskusblüten säumten den Weg zum Hauptgebäude. Am letzten Tag auf Tahiti wurden wir von einer weißen Stretch Limousine vom Hotel abgeholt. Wir hatten mit einem solchen Service nicht gerechnet. Der Fahrer sprach deutsch und klärte uns auf. Das ist das Geburtstagsgeschenk von eurem Urlaubsveranstalter. Wir fuhren direkt zu einem noblen Tahiti-Perlengeschäft. Ich dachte, aha daher weht der Wind, ließ mir aber nichts anmerken und genoss die Fahrt. Ein weiser Spruch vom Fahrer, brachte mich gedanklich weiter. Er sagte: >> Ich freue mich wenn es regnet, denn wenn ich mich nicht freue, regnet es auch <<. In diesem Nobelladen waren Verkaufspreise jenseits von Gut und Böse. Die Information über die Perlenzucht war sehr aufschlussreich, wir kauften aber einen kleinen Korallenanhänger als Erinnerung sonst nichts.

Die Reise führte uns weiter nach Morea. Dies war eine vorgelagerte Insel von Tahiti.
Mit einem Inselhopper (Einmotoriges Flugzeug für acht Personen hintereinander sitzend) ging es mit viel Lärm nach Morea. Vor dem Start wurden uns die Flugtickets aus Karton ausgehändigt (die waren so alt und abgegriffen wie bei den Boxautos auf dem Jahrmarkt).
Dort angekommen dieselbe Zeremonie an der Rezeption wie auf Tahiti. Dieses Mal wurden wir mit dem E-Auto vor den Beach-Bungalow gefahren. Zu der Zeit als wir auf Morea waren, wurde ein Marathon-Lauf veranstaltet. Am Zieleinlauf standen die Schönen und wackelten bei der Südsee Musik mit den Hüften. Der Anblick war sehr verführerisch.

Nach der Siegerehrung der Teilnehmer folgte ein Galaessen der besonderen Art. Der Obolus für das Galaessen mit Unterhaltung der Tanzgruppen betrug pro Person DM 120.

Ich traute meinen Augen nicht, was da geboten wurde.
An Kuchen, Süßspeisen und Buffet von zehn Metern in U-Form. Die Delikatessen waren in drei Lagen übereinander

aufgebaut, dann ging es zu den warmen und kalten Speisen. Langusten korbweise, gegrillt oder gedünstet. An Beilagen fehlte es an Nichts, das galt auch für die Nachspeisen. Also alles in allem ein super Abend. Nun folgte das Hauptziel unserer Reise:

Der Flug ging über Reiratera, Huaine und anderen von Lagunen und Korallen umgebenen Trauminseln, nach Bora Bora.

Als die Maschine eine Schleife flog, um uns die ganze Schönheit der Insel zu zeigen, waren wir gefangen von dem Anblick der sich da bot. Man stelle sich ein in die Länge gezogenes Spiegelei vor. Um den Kern der Insel ein breiter Gürtel mit Korallen. In der Mitte der Insel ragte ein Berg mit spitzem Gipfel empor, darauf war der Vulkankrater zu sehen. Alles schien märchenhaft und beeindruckend schön. Das Flugzeug landete auf einem Außengürtel. Ein klimatisiertes Tragflächenboot wartete auf seine Passagiere. Es durchschnitt das Wasser, von dem man den Eindruck hatte, es sei Ölfarbe. Mehrere Farben mischten sich, dann kam plötzlich eine messerscharfe Farbtrennung von türkisblauem und hellblauem Wasser. Ein Aufschrei der Bewunderung ging durch die Passagiere, die sich auf dem Sonnendeck versammelt hatten um das Schauspiel besser zu betrachten. Die Fotoapparate klickten, die Videokameras surrten. Alle waren in heller Aufregung und Staunen versetzt. Das Schnellboot legte an. Kein Tourismusgetümmel oder Verkaufsstände, sondern schlichte Kleinbusse und Fahrer die auf ihre Gäste, mit einem Hinweisschild in der Hand warteten. Wir fuhren durch Palmenhaine und Ananasplantagen, große Bananenstauden und Papaya Bäume. Das Hotel war im selben Stil wie auf Morea gebaut. Das Ritual bezüglich der Visakartenprüfung, ging schneller als zuvor. Wir hatten einen Gartenbungalow.
Sofia sagte: >> Na Jürgen, hast du nun deinen weißen Sand ?<< und kickte mit dem rechten Fuß eine Sandwolke auf mich zu.

Ja ich hatte alles, was ich meinem Unterbewusstsein aufgetragen hatte. Ich war am Ziel meiner Träume.

Vom Veranstalter haben wir als Geburtstagsgeschenk, noch eine Jeep Safari geschenkt bekommen. Diese Tour war für Sofia die Hölle. Es ging durch Schlamm und unbefestigte Wege hoch in Richtung Vulkankrater, wie bereits zuvor erwähnt. Der Jeep schwankte beängstigend hin und her und stellte sich bei extremer Steigung fast 45 Grad auf. Das war für Sofia zu viel. Sie hielt die Handtasche über den Kopf und kreischte bei jeder Schwankung. Alle Insassen lachten sie aus. Das konnte ich nicht dulden. Dem Fahrer gab ich ein scharfes Kommando und er hielt schlagartig an, Sofia stieg aus und legte die letzten Meter zum Vulkan zu Fuß zurück.

Uns wurde ein Rundblick der Superlative geboten. Das Meer war ein Farbenspiel von hellblau bis dunkelblau und dann wieder hellgrün und dunkelgrün. Man sah die verschiedenen farbigen Korallenbänke und die malerischen Palmengruppen. Der Atem stockte kurz bei dem Anblick, ein überwältigendes Panorama bot sich dem Betrachter.

Der Rückweg war eine andere Route und nicht so steil und unwegsam. Unten angekommen wurde Sofia wieder ruhiger und durch die Blumenpracht und die Bananenblüte abgelenkt.

Der Abschied von Bora Bora fiel uns schwer. Eine Sache ist mir in der Südsee aufgefallen. Auf Fidschi waren die Menschen freundlich auch ohne Trinkgeld und grüßten schon von weiten. In Französisch - Polynesien grüßten die Menschen nur im Lokal. Die meisten Touristen waren affig und protzten mit ihrem Schmuck. Das ging so weit, wie ich selbst beobachtet hatte,

dass ein Gast dem Bedienungspersonal seine Rolex zum Aufbewahren übergab, bevor er ins Wasser ging.
Auf einer Bootsfahrt zum Haifischfüttern, sprach mich eine Dame an und fragte mich von oben herab:>> Sie sind wohl

noch nicht lange in der Südsee unterwegs<< Ihr Mann war taktvoller und verbesserte sie mit den Worten:>> Woher willst du wissen wie lange die Herrschaften schon unterwegs sind <<. Ich lachte still in mich hinein.
Wir hatten inzwischen die Stelle erreicht an der man Haifische füttern konnte. Der Bootsmann ging ins Wasser und fütterte die Haie an. Es dauerte nicht lange, da waren mindestens vier bis fünf Haie bei ihm. Er warf immer wieder große Fischabfälle ins Wasser. Wir setzten unsere Taucherbrillen auf und konnten die Haifische gut beobachten. Es waren Riffhaie von 1,5 Meter Länge. An einem anderen Platz kam eine Schar Rochen auf uns zu. Man konnte ins Wasser gehen und die Rochen vorsichtig anfassen. Es war sehr aufregend, wenn die Rochen sich an meinem Körper vorbeischlängelten. Ich hatte die Arme über Wasser aber die Fingerspitzen im Wasser. Das hatte Folgen, denn ein Rochen biss mir in den Mittelfinger. Die Wunde war aber zu verschmerzen. Ich musste aber schnellstens aus dem Wasser.

Die Rückreise begann.

Über Tahiti nach Los Angeles, dort mussten wir das Flugzeug wechseln. In dem Transitraum war eine verqualmte Luft, denn es gab noch keine Nichtraucherzonen. Die Sicht auf die Rollfelder war sehr unterhaltsam. Ein Flieger hinter dem andern, wie eine Perlenkette, suchte seine Endposition. Beim Überfliegen von Los Angeles sah die Häuserformatierung aus wie ein Schachbrett. Lauter gleichgroße Häuser mit und ohne Swimmingpool.
Der Flug ging weiter über England nach Frankfurt. So vergingen fast dreißig Stunden.

Sofias Tochter und ihr Freund Bruno holten uns am Flughafen in Frankfurt ab. Sofia war braun wie eine Afrikanerin.
Eigentlich wollten wir unseren Geburtstag nicht nachfeiern aber die liebe Verwandtschaft und Bekanntschaft drängte darauf. Also machten wir im Traube-Lokal eine richtige

Sause. Das Gartenlokal war voll bis auf den letzten Platz. Sofia erzählte von meinem Gesang auf Fidschi und dann stimmten unsere Gäste ein eigens komponiertes Lied an. Es wurden noch mehr Lumpenlieder gesungen und auch mehr als erwartet getrunken. Ein gelungener Abend ist es dennoch geworden.

Da wir leidenschaftliche Radler waren, buchten wir 1993 eine Radtour von Passau nach Wien und zurück.

Wir hatten unsere Räder nicht mit dem Auto mitgenommen, sondern zwei Räder in Passau geliehen, was sich als fataler Fehler heraus stellte. Die erste Etappe war Passau - Linz. Die Unterkünfte konnten wir aus einer Liste auswählen und dann mit dem Handy die Übernachtungen buchen. Unser Gepäck haben wir mit aufs Fahrrad genommen. So radelten wir Richtung Wien, alles lief bestens. Das Wetter war beständig. Vor dem Kloster Melk geschah dann das unerwartete Unglück.
Ich fuhr voraus, es hatte am Tag zuvor in der Nacht leicht geregnet. Es war Herbst und Blätter lagen auf dem Radweg. Es ging einen steilen Stich nach unten zum Donauufer. Das Vorderrad rutschte mir im nassen Laub weg. Bei meinem eigenen Fahrrad hätte ich problemlos abspringen können, aber bei dem Leihrad war der Rahmen zu klein und ich konnte mich nicht vom Fahrrad befreien und aus dem Sattel springen. Mit der linken Hand versuchte ich den Sturz auf zu fangen.
Ich fiel mit dem linken Handgelenk auf den Asphalt und landete mit dem linken Beckenknochen ebenfalls auf dem harten Boden. Der Ellenbogen war mit einer großen Schürfwunde versehen. In meinem Fahrrad-Rahmen eingeklemmt lag ich am Boden. Sofia war entsetzt und ich war leichenblass vor Schmerzen.
Sofia wollte mir aufhelfen, aber ich sagte zur ihr: >> lass mich erst mal liegen, ich muss meine Knochen auf Brüche kontrollieren<<. Das klang natürlich nicht gut in Sofias Ohren. Doch ich rappelte mich auf und beruhigte sie. Der

Weg zum Arzt blieb mir dennoch nicht erspart. Ich bekam eine Spritze gegen Wundstarrkrampf, einen festen Stützverband um mein linkes Handgelenk und weiter ging die Fahrt nach Wien. Mit der rechten Hand konnte ich gut lenken, bloß beim Auf- und Absteigen wurde es am Anfang kritisch. Durch die Wachau war es eine wunderschöne Tour mit romantischen Stellen und gemütlichen kleinen Lokale mit süffigem Wein.
Bei jeder Gelegenheit tauchte ich mein linkes Handgelenk ins kühle Donauwasser. Die Schwellung ging zurück und ich konnte immer sicherer weiterfahren. In Wien angekommen. bezogen wir unser Hotelzimmer in der Wiener Innenstadt. Der Prater war unser erstes Ausflugsziel. Mit der Straßenbahn war es ein paar Minuten. In der Riesenradgondel war es am Abend sehr romantisch. Die Schaustellerbuden und die kleinen Gaststätten, luden zum Essen ein. Am Tag darauf ging es wieder in den Prater um die empfohlenen Kalbshaxen zu essen. Dort sind die Kellner von besonderem Kaliber. Wir hatten bestellt und bezahlt. Das Trinkgeld fand keine Begeisterung, denn er warf die 50 Schilling wieder auf den Tisch und schnauzte uns an:>> was soll ich mit den paar Kröten<<. Der Kracher war, dass ein Regenschauer herein brach und die Kellner das Tablett über den Kopf hielten um nicht nass zu werden. Das Essen auf dem Tablett wurde nass, aber das war ihnen egal.

Zuhause angekommen war mein Handgelenk immer noch schmerzhaft. Der Arztbesuch verschaffte Klarheit: Ich hatte mir beim Sturz mit dem Fahrrad drei Sehnen abgerissen.

Meine Geburtstage wurden immer in großen Rahmen zusammen mit Sofia gefeiert.

Alle waren anwesend und es war immer die gleiche Lokalität. Die Personenzahl lag zwischen 5 und 6 Personen von meiner Seite und von Sofia waren es 10 bis 12 Personen. Die Rechnung ging an mich. Es kam die letzten Jahre nicht darauf an, denn ich hatte ein überdurchschnittliches Einkommen.

Auch bei unseren Urlaubsreisen ging alles auf meine Rechnung Sofia sagte: >> Für den Urlaub bist du zuständig<<. Diese Schieflage wurde mir immer unangenehmer. Auch das was Sofia, beim Kennenlernen, an mir so gefallen hatte, wurde immer mehr kritisiert. Mein Unterbewusstsein gab mir das Gefühl, hier bist du allmählich fehl am Platz. Positive Signale und Wünsche musste ich mein Unterbewusstsein beschäftigen. Dies geschah auf der Autobahn, da überholte mich ein Lexus 430 SC und ich dachte immer intensiver an den Besitz eines solchen Sport Cabriolet. Auch in Karlsruhe fiel mir plötzlich der Sportwagen auf. Auch ein sehnlichster Wunsch war es auch, als Unternehmensberater in der IT- Branche zu arbeiten. Das Unterbewusstsein sorgte dafür.

Mit 58 Jahren kündigte ich als Mitglied der Geschäftsleitung um bei einer Firma in Hückeswagen als selbständiger IT-Berater mit sehr gutem Honorar tätig zu werden.
In diesem Unternehmen lernte ich eine dunkelhaarige Schönheit kennen. Sie fiel mir bei der ersten Begegnung besonders auf. Sie kam mir auf den ersten Blick als meine Traumfrau vor. Ich ließ mir jedoch, nichts anmerken. Ich sah sie jeden Morgen, wenn sie das Bürogebäude aufschloss. Später erfuhr ich, dass sie neben ihre Sachbearbeiter Tätigkeit auch noch den Schließdienst übernommen hatte.
Die Macht des Unterbewusstseins sorgte für eine gesicherte Stellung in diesem Unternehmen. Jetzt konnte ich mir einen Lexus 430 SC Sport Cabriolet leisten. Meine Bekannten und Freunde wurden neidisch, was mich nicht kümmerte, aber insgeheim als Mann tief im Innern sehr zufrieden.
Bei der Neubau-Einweihung des Produktionskomplexes für Kabelverschraubungen, wo ich die Beratung geführt hatte, traf ich die dunkelhaarige Schönheit zu vorgerückter Stunde beim harten Kern der Belegschaft, es war eine lustige Gruppe. Es wurde Bier und Sekt getrunken und wie es so Brauch ist, wenn die Stimmung steigt, habe ich mit der dunkelhaarige Schönheit auf die sogenannte Brüderschaft angestoßen. Ein flüchtiger Kuss, ein Kosename (Cherry)

von mir und schon war es passiert. Unsere Blicke trafen sich immer öfters.
Cherry war gut drauf und lud die ganze Gruppe zu sich in die Wohnung zu einem Absacker ein. Erst jetzt erkannte ich, dass Cherry ein Haus auf dem Firmengelände hatte.
Im Wohnzimmer ging der Umtrunk weiter. Einer nach dem anderen machte sich auf den Heimweg. Am Ende waren nur noch Cherry und ich zurückgeblieben. Es wurde Zärtlichkeit ausgetauscht mehr nicht.
Bei der Heimfahrt nach Karlsruhe, rief ich vom Auto aus an und fragte sie, ob wir uns wiedersehen könnten. Sie sagte zu, mein Herz machte einen Freudensprung. Doch gleichzeitig schoss mir der Gedanke durch den Kopf, du fährst jetzt nach Karlsruhe zur Sofia.

In Karlsruhe angekommen führte ich dann ein Doppelleben zwischen Sofia und Cherry.
Um diese Spannung etwas abzuschwächen, stellte ich an meinem Handy einen separaten Klingelton ein, um sofort zu erkennen, ob Sofia oder Cherry, anrief.
Es war ein Wechselbad der Gefühle. War ich bei Sofia, hatte ich Sehnsucht nach Cherry, war ich bei Cherry machte ich mir Gedanken und Sorgen um Sofia. Hatte sie schon etwas bemerkt und sagt mir nichts ?
Eine andere Eigenart wurde bei Sofia jedoch immer stärker, dazu gleich mehr. Es war ein Hauptgrund, dass ich mich bei Cherry immer wohler fühlte, denn Sofia tadelte immer mehr mein Verhalten in der Gesellschaft. Was am Anfang unseres Kennenlernens bei Sofia den positiven Ausschlag gab, sich für meine Person zu interessieren, störte Sie. Ich war der Generalunterhalter, wenn wir Gäste hatten oder ausgingen. Alle Energie und Ideen gingen zum Großteil von mir aus. Diese Kritik von Sofia an meinem Verhalten, glich einer totalen Veränderung meiner Person. Dieser Umstand führte immer öfters zum Streit.

Hier ein Paradebeispiel:

Früher war Sofia stolz auf meine Kontaktfreudigkeit, sowie auf meinen ansteckenden Humor. Alle waren guter Laune und ich war ein gern gesehener Typ. Mein Verhalten hat sie dann am anderen Tag, als unmöglich dargestellt. Sie sagte:>> Musst du immer der Unterhalter sein, lass doch andere auch mal was erzählen <<. Folgte ich ihrem Ratschlag beim nächsten Treffen und hielt mich zurück, dann war der Tenor von Sofia am nächsten Tag:>> Das war aber ein langweiliger Abend <<.
Ich wollte und konnte mein Wesen nicht ändern und fühlte mich immer mehr zu Cherry hingezogen. Cherry und ich waren sehr verliebt und hatten viele schöne Stunden. Nach einem Besuch auf dem Weihnachtsmarkt in Köln, übernachteten wir im besten Hotel und zwar im Hyatt am Dezember 2002. Dort schenkte ich ihr meinen Siegelring mit aufgesetzten in Gold gearbeitete Buchstaben ATE (liebet Euch). Den symbolische Wert des Ringes verstand sie sehr wohl. Sie war überglücklich und zeigte mir ihre echten Gefühle.

Das Musical Elisabeth hatte sich Cherry gewünscht. Wir besuchten es im April 2003. Mit offenem Verdeck fuhren wir nach Düsseldorf und zurück. Bei dieser Fahrt stieg der Adrenalinspiegel und ein unüberschreitbares Wohlgefühl begleitete die Fahrt.
Eine Übernachtung 2003 im Hotel Burg Schnellenberg hatte einen besonderen Reiz. Nach dem leckeren Dinner gingen wir auf unsere Suite, setzten uns in die überdimensionale Badewanne und waren danach noch durstig. Also ab in die Kellerbar. Wir waren die einzigen Gäste. Nach der zweiten Flasche Sekt, wollte die Bardame Feierabend machen. Da kam ein gleichaltriges Ehepaar in die Bar. Dieses Paar bestellte ebenfalls eine Flasche Sekt und so kamen wir ins Gespräch.
Wir unterhielten uns über Musik. Das war für mich der Zeitpunkt für eine Demo meines Autoradios. Wir verließen gemeinsam die Bar um der Musik in meinem Auto zu lauschen.

Zum besseren Hören, öffnete ich das Verdeck. Keiner dachte an die anderen Gäste und so geschah es, dass plötzlich die Lichter in den Hotelzimmern eingeschaltet wurden und wir unhöflich gebeten wurden die Musik sofort abzustellen.
Nicht genug, beim Frühstück schüttete die Bedienung mir den heißen Kaffee über meine Hose, ohne sich dafür zu entschuldigen. Was soll es, alles war wie ein Märchen, jedoch das Damoklesschwert schwebte über uns. Das Schuldgefühl stieg bei mir ins unerträgliche. Sofia hatte nicht den geringsten Verdacht. Wenn Sofia mich am Handy anrief, hatte ich immer einen Kloß im Hals. Ich konnte manchmal kaum sprechen. Meine Erregung und das schlechte Gewissen verschlug mir die Sprache. Ich schützte mich, indem ich erfundene Geschichten erzählte.
Sofia hatte nie Verdacht geschöpft und dennoch hatte ich vor der Situation höllische Angst, dass Sie mein Doppelleben entdeckt.

Durch einen Einbruch in der Firma, wurden wir aus unserem Glücksgefühl jäh heraus gerissen. Denn dieses Ereignis hatte für Cherry seelische Folgen.
Cherry war gerade mit ihrem Rundgang mit dem Schließdienst in den Büroräumen beschäftigt, als unerwartet ein ungewöhnliches Geräusch im halbdunklen Raum von der Zentrale her die Stille zerriss. Cherry rief: >> Ist da jemand<<. Im selben Augenblick huschte eine Gestalt an Cherry vorbei. Das war für sie zu viel. Sie war der Ohnmacht nahe und wankte aus dem Bürogebäude.
Sie wurde 14 Tage krankgeschrieben. So tief saß der Schrecken und das Ereignis in ihrem Kopf.

Die seelische Belastung stieg von Tag zu Tag, denn das Doppelleben ging beinahe zwei Jahre. Ich erkannte mich selber nicht wieder, wie ich in Karlsruhe bei meinen Sportskameraden prahlte und um das Dreiecksverhältnis beneidet wurde. Das tat mir gut aber im selben Moment lief es mir kalt den Rücken herunter, wie lange geht das noch gut, schoss es mir immer wieder durch den Kopf.

An meinem 59. Geburtstag, entschloss ich mich, Sofia die Wahrheit zu sagen. Es war Dienstag, der Tag meiner Abfahrt nach Hückeswagen.

Als ich ihr zögernd und behutsam sagte, dass wir uns trennen werden, brach Sofia fast zusammen und wurde von heftigen Weinkrämpfen geschüttelt, so tief war der Schmerz, den ich ihr zufügte hatte. Ich war ratlos und versuchte sie zu trösten, aber nichts konnte sie aus diesem Schmerz befreien.

Ich packte im März 2004 meine zwei Koffer. Wir nahmen uns unter Tränen in den Arm. Dann wollte ich ins Treppenhaus flüchten. Da rief sie mir laut hinterher :>> Halt ich will noch ein Foto von dir machen << und drückte auf den Auslöser. Meine Knie wurden weich und mir zog es in der Magengrube. Es fiel mir schwer, die Treppe hinunter zu gehen. Erst im Auto hatte ich mich wieder einigermaßen gefangen.

In Hückeswagen empfing mich Cherry. Sie weinte vor Freude. Ich hatte mich endlich entschieden.

Nach einem Jahr der Trennung von Sofia, besuchte ich sie um einige Sachen von mir abzuholen.

Es bot sich in ihrer Wohnung ein Bild der Traurigkeit.

An den Wänden hingen Bilder von mir und darunter handgeschriebene Sprüche und Gedichte. Das Selbstmitleid hatte in ihrem Herzen Einzug gehalten. Sie lebte in einer depressiven Phase. Ich bat ihre jüngere Schwester um Hilfe. Auch ihr Sohn sollte sie aus der Depression ins normale Leben zurückführen, was nicht unbedingt leicht war.

Die Bemühungen ihrer Schwester und ihres Sohnes zeigten bei Sofia positive Ergebnisse.

Wir telefonierten wieder normal miteinander und hatten ab und zu sogar einen Scherz auf den Lippen. Ich bin seelisch wieder entspannt und habe kein schlechtes Gewissen mehr. Das Leben geht weiter.

Cherry und das Glück, dem Tod zum dritten Mal entronnen zu sein.

Mit zwei Koffern in der Hand zog ich bei ihr ein. Mein Appartement in Hückeswagen kündigte ich.

Cherry war sehr glücklich und zeigte mir ihre Zuneigung wo immer sie konnte.
Unsere erste gemeinsame Flugreise im April 2004 ging mit ihren Eltern nach England zu ihrem Bruder Hansjörg. Er wartete am Flughafen Heathrow auf uns. Wir nächtigten in einem Wohnwagen im Garten von Hansjörg. Es war sehr romantisch. Das Wochenende in England, ging viel zu schnell vorbei und der Abschied war emotional.

Wieder in Karlsruhe angekommen fragte mich mein Tischtennispartner Waldemar, ob ich an einem Segeltörn Interesse hätte. Ich rief spontan Cherry an und fragte sie, ob sie mitgehen würde. Sie sagte zu, gab mir ihre Passdaten und alles war geregelt. Eine wilde romantische Reise auf dem Segelboot, begann.
Wir fuhren im Mai 2004 mit dem Kleinbus und mit den übrigen Segelfreunden nach Südfrankreich in das Hafenstädtchen Mimosas.

Die beiden Segeljachten wurden von unseren Skippern übernommen und los ging die Reise ins Ungewisse.

Wir waren insgesamt acht Personen. Kaum hatten wir den Hafen verlassen, wurde die als so seetüchtig angepriesene Helga bei der ersten großen Welle kreideweiß im Gesicht und übergab sich über die Reling. Cherry sagte zu mir:>> Das fängt ja gut an<<. Aber sie war tapfer und überstand die Feuerprobe ohne Folgen.
Calvin war die erste Station. Dort füllten wir Proviant auf (das Meiste war Sauferei) und lichteten den Anker Richtung Ponifatio.

Ein herrlich gelegene Bucht und Hafeneinfahrt. Die Stadt lag 40 Meter auf einer Felsplatte und war laut Aussage der Einheimischen, früher eine uneinnehmbare Seeräuberstadt. Es war eine malerische Stadt mit schmalen Gassen, tollen Geschäften und freundlichen Einwohnern die gerne einen Spaß mit den Touristen machten:

Auf dem Gehweg lag ein 2 Euro Stück. In gebührendem Abstand saßen ein paar ältere Einheimische und wartete gespannt, wer auf ihren Schabernack hereinfiel. Es dauerte nicht lange, da näherte sich unser Skipper dem Geldstück. Ein schneller Blick nach allen Seiten und die Hand schoss dann in Richtung Euro.:>> Verdammt << kam über seine Lippen, denn das Geldstück war festgeklebt. Lautes Gelächter schüttelte die Einheimischen. Der Kopf des Kippers lief rot an. Was für eine Blamage für den Skipper. Die anderen hatten auf jeden Fall ihren Spaß.

Wir segelten weiter und plötzlich kam der Skipper auf die Schnapsidee an Land zu gehen um zu grillen. Das Schlauchboot wurde zu Wasser gelassen und Hans warf den Außenbordmotor an. Alles verlief normal bis zu der Stelle an der wir an Land gehen wollten.
Die Brandung war so stark, dass das Schlauchboot von einer Welle, wie von Geisterhand, hochgeschleudert wurde und wir beide im Wasser landeten. Gelächter auf dem Segelschiff, während wir mit dem hohen Wellengang kämpften !
Der Boden vom Schlauchboot wurde von einer scharfen Felskante aufgerissen und wir mussten höllisch aufpassen damit wir nicht wieder ins Wasser fielen. Der Außenbord-Motor hatte durch den Aufprall am Felsen den Geist aufgegeben. Da das andere Segelboot den gleichen Außenbord-Motor hatte, haben Hans und ich, in einer Nacht und Nebelaktion den Außenbord-Motor vom anderen Segelboot ausgetauscht. Dies wurde nie entdeckt, selbst nicht bei der Gelegenheit, als die Mannschaft mit ihrem Schlauchboot an den Strand fahren wollte. Erst Fluchen, weil

der Motor nicht anspringen wollte. Dann ruderte man eben, das war es dann auch.

Unser Skipper benötigte morgens immer einen klaren Schnaps. Diese Gewohnheit, habe ich gut beobachtet, das Ritual lief folgender Maßen ab:

Die dunkle Sonnenbrille auf der Nase, klammerte sich der Skipper an der Kühltruhe mit Schiebetür fest. Nach einiger Zeit fand er das, nach dem er suchte, die Schnapsflasche. Ein kräftiger Zug und die Welt war wieder in Ordnung. Ich betrachtete das Schauspiel ein paar Tage, dann musste ich mir was einfallen lassen. Denn ein angetrunkener Skipper ist ein großes Risiko für alle an Bord. Die Zeit dafür war reif für meine Aktion, denn in der Flasche war nur noch wenig Schnaps. Diesen Rest kippte ich mir hinter die Binde und füllte die gleiche Menge Wasser in die leere Schnapsflasche. Das Schauspiel begann. Ich konnte ihn sehr gut vom Heck aus beobachten. Er stemmte seine Arme gegen die Truhe, schob den Deckel zur Seite und suchte nach der Schnapsflasche Er wurde fündig und griff nach derselben. Schnell war der Verschluss entfernt. Mit einem Zug war die Schnapsflasche leer. Ungläubig betrachtete er das Etikett, dann fuhr er auf dem Absatz herum und brüllte los:>> Wer hat das Brackwasser in die Flasche gefüllt<<. Ihm wurde im gleichen Moment übel und übergab sich in die Kühltruhe. Der Morgen war gelaufen.

Am späten Nachmittag war die Sonne kurz vor dem Untergang und diese Zeit wurde mit einigen Getränken begossen. Es war "Sundowner Time". Der Skipper holte seine Gitarre hervor und wir begannen alte Lieder zu singen, Er war sichtlich erleichtert und begeistert, denn er freute sich über meinen Gesang, da ich viele Liedertexte auswendig konnte. So nahm der Tag einen lustigen und harmonischen Ausklang.

Vierzehn Tage waren wir unterwegs und hatten uns in der Zeit zusammen gerauft. Cherry und Gabi kochten und waren mit dem Einkauf beschäftigt, die Männer mit dem Segeln.

Hans hatte seine ganzen Ersparnisse für den Segeltörn ausgegeben und so benahm er sich auch. Er wollte immer segeln und plagte den Skipper wo er nur konnte. Er fauchte ihn an:>> Ich hab doch fürs Segeln bezahlt und nicht fürs Motoren<<. So sagt man, wenn man nur mit dem Hilfsmotor vorwärts kommt. Der Skipper schaut böse drein, als Hans aufs Meer zeigte und die leichten Windböen als Grund sah die Segel zu setzen.

Der Skipper sagte: >> Gut du setzt die Genua (großes Vorsegel am Bug) und wenn es nicht vorwärts geht, rollst du die Genua alleine ein, verstanden !<< Hans war im Glück, das Ausrollen war nicht schweißtreibend, denn der Wind half im dabei. Das Schiff legte sich 15 Grad zur Seite und durchschnitt das Wasser. Es war ein herrliches Gefühl. Die Freude von Hans währte nicht lange und die Schadenfreude vom Skipper erreichte seinen Höhepunkt. Die See war, wie vom Skipper angekündet, wieder windstill. Wir hatten eine Sonderschau gratis. Mit Keuchen und Schwitzen, brachte Hans das große Segel ein.

Die Fronten waren nun endlich geklärt.

Bei einem Landgang habe ich Hans beobachtet, wie er schräg an die Hauswand gelehnt seinen Magen ausleerte. Als er mich entdeckt hatte, rief er mir nach:>> Du brauchst dich ja nicht zu besaufen, du hast ja eine Frau dabei<<. Es klang sehr eindeutig, was er meinte. Ich grinste ihn nur an und dachte, du bekommst auch noch dein Fett ab, denn für mich klang es beleidigend. Die Stunde der Revanche ließ nicht lange auf sich warten.

Folgendes Ereignis hat mich lange beschäftig und der Grund für diese Tragödie habe ich erst in Karlsruhe von Waldemars Frau erfahren.

Was war passiert:

Auf dem Nachbarboot war die Party voll in Gange. Man sang und trank viel. Langsam klang die Party aus und wir konnten endlich schlafen.

Mein 7. Sinn meldete sich, denn ich wachte plötzlich auf und hörte ängstliches Geflüster von Helga und Hans. Was war passiert ? Ich zog mein Trainingsanzug an und ging an Deck. Was ich sah war nicht zu fassen.
Waldemar hing festgekrallt an den Eisenringen an der Kaimauer. Wenn der Wellengang noch stärker werden sollte, wird Waldemar an der Kaimauer vom Bootsheck zerquetscht. Warum macht er das, dachte ich. Das sieht ja nach Selbsttötung aus oder war er sturzbesoffen. Helga versuchte Waldemar hochzuziehen, aber sie war viel zu schwach. Wo sind die Freunde von Waldemar ? Nur gemeinsam saufen und dann nach uns die Sündflut.
Es musste schnell gehandelt werden. Ich suchte ein Seil, band dieses um die Hüfte von Waldemar und zog ihn hoch, bevor ihn die Kräfte verließen. Seine Oberschenkel waren von der scharfen Kaimauer aufgeschürft. Ich hatte ihn aber an Land.

Wie schon angedeutet klärte mich seine Frau auf. Waldemar hatte unheilbar Hodenkrebs.

Wir besprachen mit dem Skipper den Heimweg und tranken Cassis und warteten auf eine SMS bezüglich der Wetterlage. Die Zeit verging und gegen vierzehn Uhr war es dann soweit. Den Skipper fiel schlagartig ein, dass wir noch tanken mussten. Dann ging es bei herrlichem Sonnenschein in Richtung Frankreich. Das Wetter änderte sich und es kamen dunkle Wolken auf. Der Wind wurde mit Windstärke acht zum Sturm und wir an Deck musste das Ölzeug anziehen und mit dem Sicherheitsseil uns einklinken. Es wurde immer ungemütlicher. Am Ende waren nur noch Hans und ich an Deck. Er saß am Heck auf der Bank und hatte sich an der Reling ebenfalls festgebunden. Ich stand am Ruder und bekam ab und zu einen kräftigen Wasserschwall ab, worauf Hans immer hämisch laut lachte.
Den Kurs zu halten war ein Kraftakt. Einmal musste das Schiff die hohen Wellen schneiden und dann musste noch der Kurs gehalten werden. Meine Oberschenkelmuskulatur fing

an zu brennen, so stark war die Anstrengung um standfest hinter dem Steuerrad das Boot zu manövrieren.
Das Gelächter ging mir auf die Nerven und mir fiel plötzlich ein, dass ich ihm ja noch etwas heimzuzahlen hatte.

Gedacht getan, ich sagte zu Hans, der gerade sich vor Lachen schüttelte:>> Halt mal eben<< und zeigte aufs Steuerrad. Meinen Sicherheitsgurt klinke ich aus und machte ihm Platz, damit er hinter das Steuerrad kam und ging, zu Cherry in die Kajüte, nach unten. Ich wollte gerade die Tür zur Kajüte öffnen, da gab es einen gewaltigen Wellenaufprall. Ich wurde rücklings gegen eine Türklinke geschleudert. Im ersten Moment dachte ich, mein Kreuz ist gebrochen, so stark war der Aufprall und die Schmerzen danach. Ich sagte Cherry nichts und legte mich vorsichtig neben sie aufs Bett. Irgendwann bin ich dann eingeschlafen und hatte Hans am Steuerrad ganz vergessen.
Im Morgengrauen bin ich aufgewacht und ging sofort an Deck um nach Hans zu schauen. Der war so was von sauer auf mich und konnte seinen Zorn nicht zurück halten. Er brüllte mich an: >> Du sagt nie wieder zu mir, halt mal eben<<. Hans war aber nicht nachtragend, denn danach mussten wir beide lachen.
In Mimosas angekommen wurden die beiden Segeljachten im Hafen an den Eigner übergeben und wir traten die Heimreise mit dem VW-Bus an. Alles verlief danach nicht ohne Stress. Cherry machte den Vorschlag im Ort vollzutanken. Der Busfahrer winkte ab und behauptete bei jeder Tankstelle die wir passierten: >> Der Benzinpreis ist immer noch zu hoch, es gibt preiswerteren Sprit <<.
So wurde eine Tankstelle nach der anderen ignoriert. Ich fragte nach dem Tankinhalt und bekam die Auskunft: >> Der reicht noch 50 km <<.
In Frankreich gibt es auf der Autobahn nicht so viele Tankstellen wie in Deutschland und so kam es wie es kommen musste. Die Tankkontrolllampe leuchtet schon eine geraume Zeit und Unruhe machte sich im Fahrzeug breit.

Wir bangten um das was bald kommen würde, laufen oder schieben ?
Der Motor stotterte, doch wir hatten Glück, der Sprit reichte bis zur nächsten Zapfsäule. Die Benzinpreise waren gesalzen. Alle atmeten auf und der Besserwisser wurde Lügen gestraft. Die Heimfahrt lief dann ohne Vorkommnisse.

Mein Freund Freddy, wie schon erwähnt, besuchte uns im Juli 2004 in Hückeswagen und hatte zwei Ölgemälde von uns mitgebracht. Unser Vorschlag war ein Besuch in der Kölner-Altstadt zu machen. Wir gingen in einige Lokale und zum Schluss landeten wir in dem uns bekannten Jazz-Keller im Erdgeschoss. Dort spielte eine Sonore Gruppe alten Jazz und Dixieland. Freddy gab reichlich Trinkgeld, weil es ihm sehr gut gefiel. Der Spruch der Kapelle war meistens:>> Wir spielen jetzt das Lied, das wir auf der Tournee die wir im nächsten Jahr noch machen werden <<. Es war alles in allen ein lustiger Abend, eben wie man ihn von Freddy kannte.

Leider verstarb Freddy an Herzversagen zwei Jahre später im Alter von 66 Jahren.

Von Lexus nahmen wir im Juli 2004 eine Einladung an und besuchten die Semper Oper in Dresden. Lexus hatte für alles gesorgt. Übernachtung im Hotel Hilton. Eintritt in die Oper mit Verköstigung vom Feinsten. Stadtrundfahrt und Dinner mit Kapelle als Ausklang.

Ein Jahr darauf wurde ich von Lexus nach Essen eingeladen. Wir checken im Hotel Ramadan ein. Es folgte eine Stadtrundfahrt. Dann ging es zu der Aufführung von der Yama Moto Gruppe und anschließend in die alte Zeche zum Galaessen mit Tanz. Diese Einladungen kosten den Lexus-Kunden nur einen Bruchteil. Der Kunde im oberen Segment, sollte eben bei Lexus kaufen und bleiben und den Luxus genießen.

In Stuttgart zum Weinfest wurden wir von Herrn Br eingeladen. Er lebte in Scheidung und hatte seine neue Bekanntschaft dabei.
Es wurden Lieder von uns gesungen die ein Musiker von der Kapelle begleitete. Mit Schlagseite ging es dann ins nahe Hotel. Leider war dies das letzte Treffen. Herr Br verstarb nach einem Jahr, ohne dass man die genaue Ursache kannte.
Im Oktober 2004 flogen wir nach Wien und unser Apartment Vermieter holte uns in Wien am Flughafen ab. Wir machten Kururlaub in Heviz in Ungarn in der Nähe vom Balaton. Das gemietete Apartment war in der Nähe vom Hotel-Kurhaus Carbona. Unsere Vermieterin hatte guten Kontakt zum einem Arzt im Carbona und so konnten wir in diesem Hotel die Anwendungen und die Thermalbadbenutzung in Anspruch nehmen. Denn üblich war, dass nur Gäste vom Carbona die Heilmittel – Anwendungen durchführen konnten. Alle Lokale besuchten wir um gut zu essen. Ein Besuch in den Weinberg-Lokalen durfte nicht fehlen. Cherry war von dem Ausblick auf das ganze Heviz Tal begeistert. Beim Wein und der Zigeunermusik waren es immer schöne Stunden. Ein Zanderessen krönte den Abschluss in Heviz.

Über das Touristenbüro Mutsch haben wir das Jahr darauf im Carbona 14 Tage gebucht. Der Vorteil war, dass der Flug eingeschlossen war.
Die Landung war auf einem ehemaligen Militärflughafen in Schameleck, direkt am Kiss Balaton. Zum Hotel Carbona. ging der Transfer mit dem Bus ca. 20 Minuten.
Der Ablauf war der gleiche. Untersuchung vom Arzt im Hotel, dann der Anwendungsplan für 14 Tage. Was Cherry noch nicht kannte war das von mir benannte Deutsche-Eck. Dort trafen sich alle die gerne lachen und sich ohne Getue unterhalten möchten. Cherry gefiel das genauso wie mir. Hin und Rückflug war über die Lufthansa. Die Verpflegung super, denn es gab Sekt ohne Aufpreis.

Zu meinen sechzigsten Geburtstag hat mich Cherry zu ein Wochenende in Bingen im Jagt Hotel eingeladen. Das Hotel war von der Optik her auch wie ein Jagdschloss. Ein ganz besondere Service wurde uns zu teil.

Wie versprochen machte ich an meinem Geburtstag nach dem Frühstück auf dem Zimmer, einen Jogakopfstand. Als wir vor dem Dinner noch mal ins Zimmer kamen stand das Frühstücksgeschirr noch im Zimmerauf dem Tisch. Beim Bestellen der Getränke zum Dinner bemerkte ich beiläufig:>> Wenn sie noch Kaffeegeschirr benötigen, oben in unserem Zimmer steht noch welches<<.

Dem Kellner fiel die Kinnlade herunter und er eilte ohne Worte von dannen. Minuten später stand uns der Besitzer mit sorgenvollem Blick gegenüber. Er legte los:>> Das kann ich nicht verstehen<< und spendierte uns eine Flasche Champagner. Der Champagner mundete und ich bestellte eine zweite Flasche.

Es dauerte für unser Zeitgefühl sehr lange bis der Kellner ohne Champagner aufkreuzte und uns erklärte es gäbe diesen Champagner nicht mehr. Der Besitzer stand abermals mit bitterer Miene vor uns und lud uns als Trost, an die Bar zu einem Umdruck aufs Haus ein. Wir folgten der Einladung nach dem Essen.

Cherry bestellte ein viertel Weißwein. Der Besitzer und ich nahmen vom guten Molt Whiskey, für 43,- Euro das Getränk aufs Haus, zu uns. Doch es blieb nicht bei einem Glas. weil der Besitzer endlich einen Gesprächspartner gefunden hatte, der sich mit Waffen auskannte. Der Whiskey schmeckte mit jedem Glas besser.

Der Besitzer wurde durch den ungewohnten Whiskeykonsum, immer hemmungsloser und furzte ungeniert hinter der Bar. Mehrere Anrufe seines Managers ließen in kalt, obwohl er, wie ich mit bekam, um randalierende Japaner ging. Er trug dem Manager auf, für uns zwei Pils zu zapfen, das war ihm wichtiger. Wir hatten am Schluss beide einen Rausch, er mehr als ich. Cherry fuhr am nächsten Morgen Richtung Heimat, ich hatte einen schweren Kopf. Der Vorteil war, dass Cherry wesentlich weniger Sprit verbrauchte als wenn ich gefahren wäre.

Unsere Verlobung im Mai 2005 wurde im engen Familienkreis bekannt gegeben.
Eine Schwester von Cherry fragte Sie: >> Müsst ihr heiraten<<.betretene Stille. Dann mussten wir beide laut lachen und die Spannung war aufgehoben. Das war unsere Verlobungsfeier, schlicht und einfach.

Im Oktober 2005 war ein Urlaub in Tunesien angesagt. Dieser war enttäuschend. Das Essen war kalt und der Service mangelhaft oder gar nicht. Cherry sah zum ersten Mal Elend und Not. Denn die Wohnungs- und Agra-Strukturen waren für sie unbegreiflich, dass Menschen so leben und wohnen konnten.

Da ich immer gerne zwei bis dreimal im Jahr eine Urlaubsreise machte, wollte ich diese Gewohnheit nicht unterbrechen. Wir flogen mit Ihre beiden Kinder Maxi 14 Jahre und Katharina 12 Jahre im Dezember 2006 in die Türkei nach Kemer. Dort haben wir eine Familie aus Hamburg kennen gelernt.
Es war eine Bereicherung für unseren Bekanntenkreis, denn ich konnte meine Jurakenntnisse wieder auffrischen.
Bei diesem Urlaub war auch eine Rundreise, quer durch die Türkei dabei. Die erste Besichtigung war eine Teppich-Manufaktur. Man erzählte uns von den Knüpfarbeiten und zeigte uns wie Seide gewonnen wird und wie die sogenannten Prinzessinnen an einem Teppich monatelang daran arbeiteten. Dann ging es in den Verkaufsraum. Hier entfaltete sich der Verkäufer , denn Teppich um Teppich wurden gezeigt und die Preise stiegen. Als die Vorführung zu Ende war, wurde uns ein Teppichverkäufer zugeordnet. Seine ersten Worte waren:>> Sie brauchen nichts kaufen, hier ist kein Kaufzwang <<. Als er erfuhr. dass wir bald heiraten, war er nicht mehr zu bremsen. Er versorgte uns mit Tee und Raki. Am Ende war er nassgeschwitzt und ich hatte einen Schwips. Als ich ihm dann erklärte, dass wir heute keinen Teppich kaufen, sackte er leicht in die Knie und murmelte etwas vor sich hin und verschwand.

Weiter ging es zu den Lederwaren. Gefolgt von einer Modeschau ging es direkt zu den Verkaufsräumen.
Cherry konnte nicht überzeugend nein sagen und so erwarb sie eine schicke Lederjacke mit breitem Pelzkragen. Zuvor hatte sie jedoch zur Preisfindung den Verkäufer und dessen Vorgesetzten und dessen Vorgesetzten usw. in Trapp gehalten. Taschenrechner wurden bei jeder Preisverhandlung gezückt und wild darauf rumgehackt. Cherry setzte ihre Preisvorstellung zum Leidwesen der Verkäufer am Schluss durch.

Bei einer großen Schmuckfabrik war das letzte Einkaufsziel erreicht. Die gleiche Zeremonie begann. Erst die Firma loben und dann die Preise als außerordentlich günstig und verhandelbar anpreisen, weil keine MWST berechnet wurde. Das Rückgaberecht mit Kaufpreiserstattung wurde garantiert. Ein Puzzelring für Cherry und einen für meinen Arbeitskollegen wurden ausgehandelt und gekauft. Man wollte mir noch eine hochwertige Markenuhr verkaufen. Als der Verkäufer meine Uhr sah, bemerkte er:>> Mit ihrer Uhr können wir nicht mithalten<< und schloss das Verkaufsgespräch ab. Diese Uhr hatte ich mir zugelegt, als ich noch die IT-Beratungs-Firma hatte.

Die Kalkterrassen von Pamukale waren der Abschluss unserer Rundreise und sehenswert. Ein Schauspiel der Natur. Schneeweiße mit warmen Wasser gefüllte längliche Becken in Stufenform.
Das war unser erster gemeinsamer Urlaub mit den Kindern von Cherry.

Bei einem Musical-Besuch -> Ich war noch niemals in New York <- in Hamburg trafen wir auf der Reeperbahn das Ehepaar das wir in Kemer kennengelernt hatten. Sie zeigten uns die Reeperbahn von seiner guten Seite. Der Abschluss war ein Rundgang mit Kneipenbesuch bei den Lande-Brücken.

Wir planten eine Reise nach Sri Lanka, weil ich dort schon einmal war und Hikadua, ein kleiner Ort mit vier Hotelanlagen und einer herrliche Lagune, kannte. Das mir bekannte Hotel Blue-Lagune war schon ausgebucht und so buchten wir im Coralsand zwei Doppelzimmer ab Montag den 25.12.2004.

Eine Woche vor Reiseantritt, rief das Reisebüro bei uns an, wir sollten vorbei kommen, es hätte sich eine Änderung bei der Hotelbuchung ergeben. Dort erfuhren wir, dass das Hotel Coralsand ausgebucht sei und man müsse nun ein anderes Hotel in Hikadua buchen.
Cherry sagte:>> Ich möchte nicht dahin, wo du mit Sofia schon gewesen bist <<!
Nach diesem Einwand von ihr, signalisierte mir mein 7. Sinn: GEHE IN EIN ANDERES LAND IN URLAUB. Ich ließ mich nicht für ein anderes Hotel in Hikadua, überreden und buchte aus den Bauch heraus in Mexico eine 14 tägigen Urlaub bei Cancun. Abflug war Dienstag der 26.12.2004 ab Düsseldorf.

Wir landeten gegen 17 Uhr Ortszeit in Cancun. Von dort aus ging es ca. eine halbe Stunde mit dem Transfer-Bus ins Hotel. Auf der Fahrt fragte mich der Fahrer ob ich schon was von dem Tsunami in Sri Lanka gehört hätte. Ich fragte wann das passiert ist, er sagte: >>Heute Nachmittag, es hat über 100.000 Tote gegeben<<<. Ich sah Cherry erschrocken an und brachte kein Wort über die Lippen. Sie registrierte die Situation noch nicht. Dann plötzlich brach es bei ihr aus, sie stammelte leise:>> Da wären wir ja jetzt schon tot.
Der Fahrer trat ungewollt auf die Bremse und fragte entsetzt:>> wieso<<. Wir erzählten ihm mit zitternter Stimme, dass wir zuvor in Sri Lanka für diese Zeit gebucht hatten und dann wegen Überbuchen spontan den Urlaub in Mexico umgebucht hatten. Es war schlagartig still im Bus, die anderen Personen im Bus rissen entsetzt die Augen auf und wollten mir nicht glauben. WIR WAREN DEM TOD ENTRONNEN.

Es wurde einer der schönsten und intensivsten Urlaubstage die wir erlebt haben.
Die Kinder fragten, was war geschehen, dass die Menschen furchterregende Geschichten hatten.
Wir erklärten ihnen nur das Notwenigste und was ein Tsunami ist, denn man kann sich eine solche Katastrophe nicht vorstellen.
In Mexico haben wir dann Cell-Ha besucht. Dort wurde ein Traum von Cherry Wirklichkeit, denn wir verbrachten mit 4 Delfinen schöne Stunden auf Tuchfühlung im Wasser. Danach haben wir noch die Inka-Stätten besucht. Alles waren tolle Erlebnisse für die Kinder und uns.
Danach kam die große Reisezeit und ich verbrauchte dabei gewollt fast alle meine Ersparnisse, denn wir lebten ein zweites Leben.

Im September 2006 heirateten wir. Es war eine Hochzeitsfeier der Superlative, es fehlte an nichts. Die Fahrt, in meinem Lexus-Cabriolet SC 430 zum Standesamt, bei strahlendem Sonnenschein. Danach eine gelungene Hochzeitsfeier im besten Hotel von Hückeswagen. Vom Mittag bis in die frühe Morgenstunde wurde gefeiert. Die Feier war nach dem Nachtessen und dem Hochzeitstanz mit mehreren Darbietungen von den Kindern und Erwachsenen begleitet.
Dann ging es am nächsten Tag um 10 Uhr nach Frankfurt zum Flughafen und mit dem Flugzeug auf eine 14 tägige Hochzeitsreise auf die Seychellen.

Das Flugzeug landete auf Mahe, dann ging es mit einer alten Propellermaschine weiter nach Praslin. Ein kleines Hotel mit 10 Zimmern und hervorragendem Essen war unser Domicil. Ein Besuch auf der Vogelinsel Bird Island sowie einem Schnorchel Ausflug nach La Digue waren angesagt. Die Vogelinsel konnte nur mit bestimmten Sicherheits-Vorschriften betreten werden, kein Parfüm, kein Gepäck. Die Anzahl der weißen Schwalben war überwältigend. In den

Baumkronen saßen sie zu hunderten. Am Boden brüteten Vögel ohne Scheu. Der Schnorchel Trip war ein Abenteuer. Mutig wie ich war, ging ich ohne Schwimmflossen ins Meer. Kaum hatte ich mich an den anderen Personen orientiert, war ich schon 20 Meter vom Schiff entfernt. Mit aller Kraft erreichte ich die Stahlleiter des Schiffs, so stark war die Strömung. Cherry rief noch scherzhaft:>> Ein Wal ist gestrandet<< Ich hatte mir jedoch nichts anmerken lassen, als ich neben ihr platznahm. Sie fragte nur :>> War das so anstrengend, die paar Meter<<, Ich lächelte verlegen. Es war sehr anstrengend ohne Flossen. Das war für mich ein Erlebnis der besonderen Art. Mit einem Ehepaar aus Deutschland gingen wir öfter spazieren und zum Essen. Mit dem Vater und Sohn machte ich einen Hochseefischertörn.

Es fing alles harmlos an. Zwei starke Außenbordmotoren zu je 75 PS brachten uns schnell aufs offene Meer wo die Fischfanggebiete waren. Die Ausbeute war: 3 Red Snapper und einem vermeintlich großen Fang, den ich an der Angel hatte. Ich kam ins Schwitzen, so stark zog der Fisch. Dann wieder konnte ich die Angelschnur einholen.

Wieder plötzlich ein Ruck und ich zog immer fester an der Angel, jedoch konnte ich kaum den Fang einholen. Aus dem Augenwinkel heraus sah ich den Skipper grinsen: Warum wohl ? Die Antwort hatte ich als meine Beute im Boot lag. Es war eine ein Meter lange Moräne. Der Skipper warf die Moräne sofort ins Wasser zurück und erklärte mir, dass dieser Fisch sich am Meeresboden festhält wo er kann. Daher das ruckartige Verhalten. Das war es dann wohl für mich.

Wir fuhren zurück ins Hotel. Da plötzlich ein lautes Geräusch am Heck. Ein Außenbordmotor hatte den Geist aufgegeben. Aus war es mit der flotten Rückfahrt. Um 10 Uhr morgens stachen wir in See und um 17:30 waren wir am Hotelstrand. Wir sahen in besorgte Gesichter. Was war passiert wollte man wissen. Die Antwort gab der Skipper.

Doch das schmackhafte Essen von unserem Fang ließ alles vergessen.

Zum Abschluss besuchten wir einen großen Botanischen Garten. Da wollte man als Eintrittsgeld nur Euro, seltsam.

Die Attraktion waren die großen Bäume und Stauden der Coco de mer. Die größte Kokosnuss der Welt war doppelt so groß wie ein Fußball. Die männliche Frucht gleicht einem Penis die weibliche einer Vagina mit Haaransatz, so launisch ist die Natur.

Das Hochzeitsdatum war danach jedes Jahr immer mit einer Urlaubs-Reise zu diesem Datum verbunden.

Im Januar 2008 flogen wir mit beiden Kindern und Katharinas Freundin in die Türkei nach Antalya Kemer. Auf 2365 Meter fuhren wir, Cherry und ich, mit der neuen Seilbahn hoch. Es war eine herrliche Schneelandschaft. Ein Grill wurde angemacht und man konnte Sekt kaufen. Die Frage nach dem Preis ließ uns allerdings die Lust am Essen und Trinken vergehen.

Katharina war von ihrem Urlaub auf der Insel Korfu so begeistert, dass wir im April 2008 nochmal mit Kati dahin geflogen sind. Die Stadt ist mit ihren alten Häusern malerisch. Das Schloss von der Königin Sissi war einen Besuch wert. Sie war ein Achilles Fan und hatte sich eine mannshohe Metallstatue von Achilles auf den Berg transportieren lassen. In dem Botanischen Garten gab es Bäume aus allen Erdteilen. Man erzählte uns, dass das Schloss ein Geschenk von einem Schweitzer ist.

Auf die Halbinsel Thessaloniki im September 2008 flogen wir allein ohne Kinder, leider schlechter Service, schlechtes Wetter. mäßiges Essen und Trinken.

Am 7.02.2009 mit dem Flieger ein Wochenende nach Wien für uns beide. Auf zum Heurigen. Da hat sich nichts verändert. Es war so wie damals mit Freddy. Dann Besuch und Info über die Arbeit der Spanischen Reitschule. Die

Stallung der Pferde waren wie im Wohnzimmer, Messingbeschläge als Namensschild und alles nur vom Feinsten, bis auf die Maschinen, die den Pferden den richtigen Gang beibringen sollten.
Im Sissi Museum gab es massenhaft Essgeschirr, Tischdekorationen, Gold.- und Silberbesteck. Die Habsburger hatten Geld ohne Ende, denn das ganze Essgeschirr wurde immer neu gefertigt wenn ein Galaessen stattfand. 1000 Bedienstete waren für das Königshaus beschäftigt. Dazu kamen noch die Hoflieferanten.

Flug im April 2009 mit beiden Kindern nach Ägypten. In Kairo Einschiffung auf den Nildampfer. Besichtigung des Karnak- und Hatschepsut Tempel der halbfertige Obelisk und den Assuan Staudamm. Die Bauten von Abu Simbel haben wir in sengender Hitze besucht.
Bei der Nil-Fahrt kann man sehr viel Bewohner entlang vom Nil beobachten. Leider ist es für uns nicht nachvollziehbar, wie man in manchen Hütten ohne Dach aus Lehm wohnen kann.
Dann kommen wieder Landschaftsabschnitte von atemberaubender Schönheit. Palmenhaine und weite Feldflächen mit prachtvollem Pflanzenwuchs und dann noch dazu ein malerischer Sonnenuntergang. Man sollte, wenn man in Ägypten ist, unbedingt eine Nilfahrt machen.

Mit Katharina und Maximilian fuhr ich im Mai 2009 auf Schalke. Es spielte Katharinas Club VFB Stuttgart gegen Schalk 04. Wir hatten am Anfang der Linkskurve Plätze direkt an der Aschenbahn, also nah am Spielfeld.
Mitten in den Schalke-Fans kreischte Katharina bei jeder guten Gelegenheit für Stuttgart. Das gefiel den Schalkern überhabt nicht. Mir wurde etwas mulmig, was Kati nicht kümmerte. Der Höhepunkt war, das die Stuttgarter Spieler nach dem Schlusspfiff auf Grund ihres Sieges zu ihren Fans liefen. Da war ihr Traummann Hilbert.
Sie schrie:>> Ich will ein Kind von dir <<. Im gleichen Moment zog er sein Trikot aus und warf es Kati zu. Jetzt war

ihr alles egal, sie griff nach dem verschwitzen Trikot und warf mit gleicher Bewegung ihr neues Handy auf die Aschenbahn. Tolle Nummer,
Handy gegen Trikot ?
Beim Verlassen des Stadions hatte sie das Trikot angezogen und sang laut:>> Stuttgart wird Deutscher Meister << in Richtung der entgegenkommenden Schalker Fans.
Ich packte sie am Arm und zog sie zurück sonst wär sie noch auf den herannahenden Krankenwagen aufgelaufen. Böse Blicke kamen von den Schalker-Fans in Richtung Katharina.
Doch durch das Quietschen der Bremsen vom Krankenwagen wurden die Fans gottlob abgelenkt und wir kamen heil zum Bus.
Im Oktober 2009 Flug nach Bulgarien allein ohne Kinder. Tolles RIU-Hotel. Super Service und Essen. Ausgedehnte Segelschiffsfahrt nach Nessebar. Diese kleine Hafenstadt sah aus wie ein Kulturerbe. Kunstvolle Bauwerke kleine Gassen und ein Verkaufstand an dem Anderen. Auf der Rückfahrt ging ich ins Unterdeck und fragte nach einer Flasche Sekt. Als ich den Preis hörte, fragte ich nochmal nach. Ich hatte mich nicht verhört 2,50 Euro tolle Preise. Nun dann tranken wir halt mal eben und erhöhten die Schlagzahl. Es war ein herrlicher Ausklang. Im Ort waren die Preise ebenfalls niedrig.

Zu meinem 65. Geburtstag flogen wir 3 Wochen nach Bali.
Dort lernten wir Jasmin und Roberto kennen. Für Cherry waren es ihr erster drei Wochen Urlaub. Faszinierend waren die Darbietungen der Animations-Gruppe.
Ob im Freien oder im großen Theater, was sie zeigten war ein Profiauftritt. Vom perfekten Ballett oder zirkusreife Akrobatik.
Die Häuser dürfen nicht höher sein als die Palmen und so war die Anlage überschaubar und sehr gepflegt. Der Strand wurde jeden Tag gefegt und in den Gartenanlagen lag kein Blatt länger als 5 Minuten auf dem Rasen. Man kann sagen, dass das Service-Personal dir deine Wünsche von den Augen abgelesen hat. Alles war einfach perfekt, das Essen ebenfalls.

Mit einem Kleinbus machen wir eine Reise ins Landesinnere. Herrliche Reisfelder im saftigen Grün. Ein Tempel neben dem anderen und Mopeds und Roller massenweise.

Massagen im Freien zu günstigen Preisen gönnten wir uns öfters und abends gab es dann Spezialgetränke von der Bar. Meine Frau ließ sie sich zu meinem Geburtstag eine Überraschung (Frühstück auf dem Balkon unseres Zimmers) einfallen.
Das Hotelmanagement hatte ebenfalls einem Blumenstrauß mit Glückwunschkarte aufs Zimmer gebracht. Ein opulentes Frühstück wurde serviert. Die Rückreise fiel uns schwer und wir verabredeten mit Jasmin und Roberto ein weiteres gemeinsames Treffen.

Ein tolles Hotel <KAMEHA> bei Bonn, buchten wir im Juli 2010. Es war ein superlatives Hotel unter den zehn Besten in Europa mit allen erdenklichen Farben und einer Einrichtungsgestaltung die wir so noch nicht gesehen hatten. Die Grundfarben waren rot schwarz und weiß. Türen und Fußboden waren mit einem blutroten Farbton gestrichen und mit schwarzen Ornamenten verziert.
Ausgewachsene Bäume pflanzte man in überdimensionale Blumentöpfe. Das Hotelzimmer hatte alle technischen Raffinessen. Das Freibad war auf dem Dach randvoll, es sah so aus als habe es keinen Rand.
Man hatte im Hotelzimmer an alles gedacht. Eine gläserne Bar. Gebrauchs-Utensilien, als da waren: Rasierapparat verschiedene Toilettenartikel bis hin zu den Kondomen.
Der Frühstücksraum war baumhoch und mit einem Computer animiertem Aquarium ausgestattet. Wenn man den Finger auf die, wie eine Wasseroberfläche geformt Bildschirm, Oberfläche legte, kamen die Fische zum Finger geschwommen.

Zum 50. Geburtstag von Cherry ging es 14 Tage nach Kuba nach Varadero mit eingeschlossener Rundreise von Havanna bis nach Trinidad. Unser Hotelzimmer in Havanna lag im zehnten Stock mit herrlicher Aussicht. Ein Hotel mit so vielen echten Blumen in jedem Stockwerk hatte ich noch nicht gesehen. Allein im Eingangsbereich drei Sträuße mit mindestens je 100 Rosen. Das Meer war je nach Bereich einmal smaragdgrün oder azurblau.

In Trinidad waren alte baufällige Häuser und Villen aus Marmor. Arm und Reich neben einander. Wir fuhren einmal mit einem offenen Oldtimer und buchten einen Segeltörn mit einem Katamaran. Das Ziel war ein Badeparadies mit Verpflegung. Es gab Langusten satt. Ein Besuch in der weltbekannten Havanna-Zigarren Manufaktur war sehr informativ. Beim Wickeln der Zigarren rauchten die meisten Arbeiterinnen eine dicke Havanna. Das war ein ungewohntes Bild. Die hohen Löhne bekamen die Sortierer, denn sie mussten die Zigarren nach ihrer Deckfarbe in eine Holzkiste sortieren.

Cherry erlebte ihren Geburtstag mit einer musikalischen Überraschung. Neben der Geburtstagstorte, spielte ein Geiger hinreisend ihr ins Ohr. Abend für Abend spielte immer eine andere Band zum Abendessen. Zum Ausklang gingen wir mit einem Ehepaar in eine originale Kalypso-Bar. Das Taxi war ebenfalls ein Oldtimer mit Lichtorgel und lauter Musik. Alle waren gut gelaunt. Uns viel der Abschied schwer.

Der Wunschtraum von Cherry waren die Malediven. Wir buchten im September 2012 eine Woche Sri Lanka und eine Woche auf den Malediven.

Alte Erinnerungen wurden wieder wach bei mir, denn wir besuchten fast alle Sehenswürdigkeiten, die ich schon mit Sofia gesehen hatte.

Das Elefantenwaisenhaus hatte es Cherry angetan. Die Erneuerungen an dieser Touristen Attraktion ließen die Nähe der Elefanten selten zu. Alles war auf Tourismus ausgerichtet. Neue Gaststätten mit Blick auf die Elefantenherde beim Baden. Die jungen Elefanten wurden mit Stöcken dirigiert. Dies wurde auch bei den ausgewachsenen Elefanten praktiziert. Es war ein Zirkus mit zur Schau gestellten Tieren. Menschenmassen schoben sich durch das Gelände. Ich hatte genug gesehen.

Drei Indische Hochzeiten konnten wir bestaunen. Alle Verwandten, von den Erwachsenen bis zu den Kindern, waren gleich angezogen, nur der Bräutigam sah aus wie ein Torero.
Die Hochzeiter lassen sich bezüglich der Kleidung was kosten. Cherry war von Sri Lanka sehr beeindruckt
Die Malediven erreichten wir mit einem Schnellboot. Die Anlage der Insel war sehr großflächig und die Strände herrlich und wenig besucht. Als Attraktion war das Haifischfüttern, immer um die gleiche Zeit Tag für Tag. Ein Hochseefischen stand ebenfalls auf dem Programm. Die Ausbeute war gering, aber die Fahrt malerisch.
Wir wollten noch einen gemeinsamen Urlaub mit Katharina verbringen und flogen im Mai 2012 nach Rhodos. Es war ein sehr harmonischer Urlaub. Die Altstadt von Rhodos war sehenswert, da sie noch gut erhalten war. Mit dem Schiff haben wir die Insel Symi besucht dort waren die Kapitänshäuser und die romantischen kleinen Bars und Gaststätten. Es gab Naturschwämme in allen Größen.. Mit dem Esel konnte man auf die Akropolis reiten. Es war ein seltenes Schauspiel, wenn man die Esel und die Reiter beobachtete. Ich würde das als Tierquälerei ansehen.
In der Türkei buchten wir im Dezember 2012 ein 5 Sternehotel in Lara. Jasmin und Roberto kamen, mit ihrer kleinen Tochter Allegra auch zeitgleich wie abgesprochen in dieses Hotel. Das Royal Holiday Palace war das prunkvollste Hotel mit der erlesene Küche sowie rund um die Uhr Essens-Service sowie ein Service mit perfekt geschultem Personal. Champagner zu Frühstück, zum Mittagstisch sowie zum Mittags-Kaffee und beim Dinner, in ausreichender Menge, immer kühl gestellt.
Cherry war im Himmel. An der noblen Bar gab es alle Cocktailgetränke ohne Aufpreis. Es war ein Hotel auf Dubai-Niveau.

So ein Hotel hatte ich in der Türkei noch nie erlebt, obwohl wir immer AI in fünf Sterne Hotels gebucht hatten.

Wenn Gott und mein Unterbewusstsein es gut mit uns meinen, werden meine Familie und ich noch weitere schöne Tage im Leben haben.

Mit dem Wonne Monat Mai 2013, schließe ich dieses Buch und hoffe Sie werden es weiter empfehlen, dafür im Voraus herzlichen Dank.

Zum Abschluss:

Ein schlauer Mensch hat einmal einen Wunsch an alle die er kannte, geäußert.

Ich wünsche jedem der mich kennt, zehnmal so viel als er mir gönnt.

Diesem Wunsch schließe ich mich gerne an.

Hinweis: Die Namen der genannten Personen und Orte sind zum Teil frei erfunden. Übereinstimmungen in der Realität sind rein zufällig.

PS: Wenn sie einen Wort – oder Satzfehler finden, dürfen sie in behalten.

11 / 2013   der Autor : Jürgen Brisach